新編諸子集成

# 公孫龍子懸解

王琯撰

中華書局

圖書在版編目(CIP)數據

公孫龍子懸解/王琯撰. —2 版. —北京:中華書局,
2014.5 (2025.4 重印)
(新編諸子集成)
ISBN 978-7-101-09991-1

Ⅰ.公… Ⅱ.王… Ⅲ.①名家②《公孫龍子》-研究
Ⅳ.B225.45

中國版本圖書館 CIP 數據核字(2014)第 026141 號

本版責編:徐真真
封面設計:周 玉
責任印製:韓馨雨

新編諸子集成
公孫龍子懸解
王 琯 撰
*
中 華 書 局 出 版 發 行
(北京市豐臺區太平橋西里 38 號 100073)
http://www.zhbc.com.cn
E-mail:zhbc@zhbc.com.cn
北京新華印刷有限公司印刷
*
850×1168 毫米 1/32 · 3⅜印張 · 2 插頁 · 52 千字
1992 年 3 月第 1 版 2014 年 5 月第 2 版
2025 年 4 月第 11 次印刷
印數:25001-25600 册 定價:22.00 元

ISBN 978-7-101-09991-1

# 新編諸子集成出版説明

子書是我國古籍的重要組成部分。最早的一批子書産生在春秋末到戰國時期的百家争鳴中，其中不少是我國古代思想文化的珍貴結晶。秦漢以後，還有不少思想家和學者寫過類似的著作，其中也不乏優秀的作品。

二十世紀五十年代，中華書局修訂重印了由原世界書局出版的諸子集成。這套叢書匯集了清代學者校勘、注釋子書的成果，較爲適合學術研究的需要。但其中未能包括近幾十年特别是一九四九年後一些學者整理子書的新成果，所收的子書種類不够多，斷句、排印尚有不少錯誤，爲此我們從一九八二年開始編輯出版新編諸子集成，至今已出滿四十種。

新編諸子集成所收子書與舊本諸子集成略同，是一般研究者經常要閱讀或查考的書。每一種都選擇到目前爲止較好的注釋本，有的書兼收數種各具優長的注本。出版以來，深受讀者歡迎，還有不少讀者提出意見建議，幫助我們修訂完善這套書，在此謹致謝忱。

本套書目前以平裝本行世，每種單獨定價。近期我們還將出版精裝合訂本，以滿足不同層次讀者的需求。

後續整理的重要子書，將納入新編諸子集成續編陸續刊出，敬請讀者關注。

中華書局編輯部

二〇一〇年一月

# 出版説明

這次排印，是以一九三〇年二月中華書局再版本爲底本。對原書標點略有改動，如標綫原在文字右側，今按通行格式咸移左側。對原書文字勘正改動之處，俱在本頁末出校説明。一九二七年王琯寫的讀公孫龍子後録原在書後，爲了方便讀者，今將説明部分移到自序之後，將補充校釋部分移附於有關段釋之末，並較原釋低二字，以示區别。

中華書局編輯部

一九八八、十一、二十五

# 目録

# 公孫龍子懸解自序

公孫龍書，與儒道殊恉。並世莊荀，已相排笮。漢初尚黄老，格而弗宣。武帝表章六經，學術一尊，益在擯擠之列。學者承流，斷斷弗已。魏晉之間，始稍稍振矣，然終不暢。自唐迄宋，註釋數家，其書多佚，莫覯厥恉。今流傳之謝希深註，謂爲未窺突奥可也。清代子學勃興，治此者尟。輓季俞蔭甫孫仲容兩家始刊挩誤，多所諟正。近人胡適之益以新知，擿簡其誼。梁任公章行嚴摘發異同，間獲新解。千載榛莽，迺漸通涂徑焉。嗟乎！以公孫氏之駘蕩幼眇，蒙世詬病，遺簡殘編，旁皇異代，既擯於道，復棄於儒，微言大義，閟之數千百年僅乃得出，學統之箝人，固若斯其極耶！

余承諸君子緒餘，取原書董理之，仍以羣説紛投，意或未安，片鱗隻爪，莫竟全功。乃一一爲之疏解，其是者因之，非者正之，整紛剔蠹，析疑宣蘊，冥思探討，創解尤多，私心所企。但如公孫論旨之真，而不敢出入。然此豈易言者！諸君子殺青之初，未必不同此念。偶有弗照，旋踵立覺。以余學植，安敢望諸君子，引鏡自鑑，紕繆且將倍蓰；是不待他人痛繩之後，已欿然於心矣。惟書草創於去夏之交，兀兀寒暑，躬自校録，今一年矣。

其間風雲數變，海内鞅掌，假名而亂實者，且比比是。執此大象，用照時晦，有待公孫之正吾名而端吾的者，昭然若提撕而告語也。意作論者重有憂患之思乎？遠睹千萬禩後，必有搶攘膠漆如今日者，爬而梳之，使通其趣。嗚呼！果由此而本書之誼得顯，藥時疢於萬一，則所以報公孫造論之微意也夫。

十四年六月，日照王琯

# 讀公孫龍子後録

此書成於兩年之前。當時所據者，爲湖北崇文書局本。年來取道藏及守山閣、三槐堂諸本對校，又獲得番禺陳蘭甫注本及嚴鐵橋校道藏本，紬讀數過，續有所見。前時所釋，意多未安。又在北京得明嘉靖及梁杰、吉藩刻本數種。欲廣搜此書，重加訂正，另爲斠補一書。中更世變，書籍散佚，人事播遷，素願莫償。揭來滬濱，少得餘晷，就篋中所攜各本對勘一過，率爲後録一篇。刼灰之餘，書多不備，抱殘守闕，掛漏難免。凡所著録，多爲各本字句異同，於舊釋意見參差之處間亦附及。倉卒命筆，蓋十得一二耳。前在九江，鄉先輩丁鼎丞先生取閲原稿，曾指正數事，樹義精卓，亦分别録入。附識於此，并抒謝忱。

時民國十六年九月，記於滬次。獻唐王琯

# 公孫龍子事輯

莊子徐无鬼篇謂惠施曰：「儒墨楊秉四，與夫子爲五。」秉，即公孫龍也。當時儒墨宗風，振靡天下，公孫掉臂其間，造成對峙之局，其學術價值概可肊見。司馬遷史記攟採極博，於此一代大師不爲立傳，非有所疎漏也。其孟荀列傳曰：「趙有公孫龍爲堅白同異之辯，劇子之言；魏有李悝，盡地力之教；楚有尸子、長盧，阿之吁子焉。自如孟子至於吁子，世多有其書，故不論其傳云。」是史公之意，以公孫著述流傳已久，誦書知人，固無勞別傳也。世代緜遠，舊聞散佚，今所著書已譌闕不完，綜厥生平，率難徵討。但就羣籍記載，知其曾勸燕昭王偃兵，有「大王欲攻齊，卒破齊以爲功」數語，可證陳諫之時，已在破齊之後。按：胡適之中國哲學史大綱，以諫燕昭王在破齊以前，似爲未審。其破齊爲昭王二十八年，即周赧王三十一年，距昭王歿時祇有五年，當在此五年間也。又嘗客平原君家。邯鄲存趙之役，曾進規言。時爲趙孝成王九年，即周赧王五十八年。今考赧王在位共爲五十九年，公孫所處時代當與略相終始；其前後長短年壽及生卒歲紀，均不可攷矣。大抵姬嬴名碩，若老墨孟荀莊楊諸子出處之際，故書雅記率多不備，更非獨公孫然也。謹甄討典册，其叙及公孫言行者，略師理初俞氏之傳易安、仲容孫氏之傳墨子，彙其先後，爲事輯一首，藉裨史遷之闕，而資學者以借鏡。同時他宗論述有關實録者，雖屬訐辭，亦間附及；學術辯難，固勿庸諱避也。

公孫龍，字子秉，莊子徐无鬼篇、列子釋文。趙人。列子仲尼篇、史記孟子荀卿列傳、莊子秋水篇司馬彪註。祖述辯經，以正別名顯於世。魯勝墨辯註序。按：「別名」一作「刑名」，非是。章行嚴名墨訾應論：別者別墨（見莊子天下篇），正者正墨。龍與他家辯爭，必自謂正墨，而以別墨歸之他家。他家與辯亦爾。其説甚審，可參看。疾名實之散亂，因資材之所長，假物取譬，爲守白之論。本書跡府篇。

嘗度關。劉向別録、初學記卷七引。關司禁曰：「馬不得過。」龍曰：「我馬白，非馬。」遂過。桓譚新論、羅振玉古籍叢殘唐寫本古類書第一種白馬註。

適燕，説昭王以偃兵。昭王曰：「甚善，寡人願與客計之。」龍曰：「竊意大王之弗爲也。」王曰：「何故？」曰：「日者大王欲破〔一〕齊，諸〔二〕天下之士，其欲破齊者，大王盡養之；知齊之險阻要塞君臣之際者，大王盡養之；雖知而弗欲破者，大王猶若弗養。其卒果破齊以爲功。今大王曰：『我甚取偃兵。』諸侯之士在大王之本朝者〔三〕，盡善用兵者也，臣是以知大王之弗爲也。」王無以應。呂氏春秋審應覽七。

適趙，與其徒毛公綦毋子等游平原君趙勝家。別録、史記平原君虞卿列傳集解引、漢書藝文志

〔一〕「破」字，原作「攻」，據呂氏春秋卷十八審應覽改。
〔二〕「諸」字，原作「備」，據審應覽改。
〔三〕「者」字，據審應覽七補。

註。虞卿欲以信陵君之存邯鄲爲平原君請封。龍聞之，夜駕見平原君曰：「龍聞虞卿欲以信陵君之存邯鄲爲君請封，有之乎？」平原君曰：「然。」龍曰：「此甚不可。且王舉君而相趙者，非以君之智能爲趙國無有也。割東武〔一〕城爲君封者，非以君爲有功也，而以國人無勳，乃以君爲親戚故也。君受相印不辭無能、割地不言無功者〔二〕，亦自以爲親戚故也。今信陵君存邯鄲而請封，是親戚受城而國人計功也。此甚不可。且虞卿操其兩權，事成，操右券以責；事不成，以虛名德君。君必勿聽也。」平原君遂不聽虞卿，厚待龍。史記平原君列傳。國策亦載此節，辭旨略異。

空雒據畢秋帆校本改。之遇，秦趙相與約曰：「自今以來，秦之所欲爲，趙助之；趙之所欲爲，秦助之。」居無幾何，秦興兵攻魏，趙欲救之。秦王不悦，使人讓趙王曰：「約曰：『秦之所欲爲，趙助之；趙之所欲爲，秦助之。』今秦欲攻魏，而趙因欲救之，此非約也。」趙王以告平原君，平原君以告龍。龍曰：「亦可以發使而讓秦王曰：『趙欲救之，今秦王獨不助趙，此非約也。』」呂氏春秋審應覽五。

趙惠王謂龍曰：「寡人事偃兵十餘年矣，而不成；兵不可偃乎？」對曰：「偃兵之

〔一〕「武」字，據史記平原君列傳補。

〔二〕「者」字，據平原君列傳補。

意，兼愛天下之心也。兼愛天下，不可以虛名爲也，必有其實。今藺、離石入秦，而王縞素布總；東攻齊得城，而王加膳置酒；秦得地，而王布總；齊亡地而王加膳；此非據畢校本改。兼愛之心也，此偃兵之所以不成也。今有人於此，無禮漫易而求敬，阿黨不公而求令，煩號數變而求靜，暴戾貪得而求定，雖黃帝猶若困。」呂氏春秋審應覽一〔一〕。

嘗〔二〕與孔穿會平原君家。穿曰：「素聞先生高誼，願爲弟子久，但不取先生以白馬爲非馬耳。請去此術，則穿請爲弟子。」龍曰：「先生之言悖。龍之所以爲名者，乃以白馬之論爾；今使龍去之，則無以教焉。且欲師之者，以智與學不如也。今使龍去之，此先教而後師之也；先教而後師之者，悖。且白馬非馬，乃仲尼之所取。龍聞楚王張繁弱之弓，載忘歸之矢，以射蛟兕於雲夢之圃，而喪其弓。左右請求之。王曰：『止。楚王遺弓，楚人得之，又何〔三〕求乎？』仲尼聞之曰：『楚王仁義而未遂也。亦曰人亡弓人得之而已，何必楚？』若此，仲尼異楚人於所謂人。夫是仲尼異楚人於所謂人，而非龍異白馬於所謂馬，悖。先王修儒術，而非仲尼之所取；欲學，而使龍去所教，

〔一〕「一」字，原作五，據呂氏春秋審應覽一改。

〔二〕「嘗」字，跡府篇作「龍」。

〔三〕「何」字，原作「可」，據跡府篇改。

則雖百龍，固不能當前矣。」孔穿無以應焉。本書跡府篇。原文下，尚有龍穿論齊王好士一段，意旨相同，從略。

又嘗深辯至於藏三牙。「藏三牙」，孔叢子作「藏三耳」。應校爲「臧三耳」。畢秋帆曰：「臧、羖古字通用，羊也。此作藏，尤誤。」「耳」，謝崑城云：「篆文近牙，傳寫致誤。」其説甚確，今仍吕覽原文。龍言藏之三牙甚辯。孔穿不應。少選，辭而出。明日，孔穿朝。平原君謂孔穿曰：「昔者公孫龍之言甚辯。」孔穿曰：「然。幾能令藏三牙矣。雖然，難。願得有問於君：謂藏三牙甚難，而實非也；謂藏兩牙甚易，而實是也；不知君將從易而是者乎？將從難而非者乎？」平原君不應。明日謂龍曰：「公無與孔穿辯。」吕氏春秋審應覽五。據畢校改。按：上述孔穿與龍論辯諸端，孔叢子均載其文，佴穿絀龍，詞旨與此微異。孔叢僞書，出於漢晉之間。清四庫書目以爲孔氏子孫所作，自必欲伸其祖説。今按原書公孫龍篇，謂龍好刑名，以白馬爲非白馬。其「刑名」「非白馬」二辭，已失公孫立説真諦。又孔穿與平原君論白馬一義，引春秋六鷁退飛之説，亦似漢晉説經者僞造。原書既多失實，兹皆從略焉。

騶衍適趙，史記孟子荀卿列傳。平原君〔一〕見龍及綦毋子等〔二〕，論白馬非馬之辯，以問騶子。騶子曰：「不可。彼天下之辯有五勝三至，而辭正爲下。辯者，别殊類使不相害，序

〔一〕「平原君」上，原有「過」字，據史記平原君列傳集解删。

〔二〕「等」字，平原君列傳集解作「之屬」。

異端使不相亂，抒音通指，明其所謂〔一〕，使人與知焉，不務相迷也。故勝者不失其所守，不勝者得其所求。若是，故辯可爲也。及至煩文以相假，飾辭以相悖，巧譬以相移，引人聲使不得及其意。如此，害大道。夫繳紛争言而競後息，不能無害君子。」坐皆稱善。別録、史記平原君虞卿列傳集解引。

中山公子牟者，魏國之賢公子也。好與賢人游，悦公孫龍。樂正子輿之徒笑之。公子牟曰：「子何笑牟之悦公孫龍也？」子輿曰：「公孫龍之爲人，行無師，學無友，佞給而不中，漫衍而無家，好怪而妄言。欲惑人之心、屈人之口，與韓檀等肄之。」公子牟變容曰：「何子狀公孫龍之過歟？請問其實。」子輿曰：「吾笑龍之詒孔穿，言『善射者能令後鏃中前括，發發相及，矢矢相屬；前矢造準而無絶落，後矢之括猶銜弦，視之若一焉』。孔穿駭之。龍曰：『此未其妙者。逢蒙之弟子曰鴻超〔二〕，怒其妻而怖之。引烏號之弓，綦衛之箭，射其目。矢來注眸子而眶不睫，矢墜地而塵不揚。』是豈智者之言歟？」公子牟曰：「智者之言，固非愚者之所曉。後鏃中前括，鈞後於前。矢注眸子而眶不睫，盡矢之勢。子何疑焉？」樂正子輿曰：「子，龍之徒，焉得不飾其闕？吾又言其尤者。龍誑魏王

〔一〕「謂」字，原作「爲」，據史記平原君列傳集解改。

〔二〕「鴻超」，原作「鴻迢」，據列子仲尼篇改。

曰：『有意不心。有指不至。有物〔一〕不盡。有影〔二〕不移。髮引千鈞。白馬非馬。孤犢未嘗有母。』其負類反倫，不可勝言也。」公子牟曰：「子不諭至言而以爲尤也，尤其在子矣。夫無意則心同。無指則皆至。盡物者常有。影不移者，説在改也。髮引千鈞，勢至等也。白馬非馬，形名離也。孤犢未嘗有母，非孤犢也。」樂正子輿曰：「子以公孫龍之鳴皆條也。設令發於餘竅〔三〕，子亦將承之。」公子牟默然良久，告退，曰：「請待餘日，更謁子論。」列子仲尼篇。

嘗與辯者桓團之徒桓團，按即前文韓檀，見列子仲尼篇。張湛注：音相轉也。以二十一事相訾應。莊子天下篇。著書十四篇，名公孫龍子。漢書藝文志。持論雄贍，讀之初覺詭異，而實不詭異也。清四庫全書總目提要。

〔一〕「物」字，原誤「動」，據列子仲尼篇改。

〔二〕「影」字，原誤「欲」，據仲尼篇改。

〔三〕「竅」字，原誤「覈」，據仲尼篇改。

# 讀公孫龍子叙録

清姚際恆古今僞書考以本書漢志所載，隋志無之，定爲後人僞作。其言似是實非，最當審辯。按：漢志公孫龍子十四篇，今存六篇。揚子法言稱龍詭辭數萬，似當時完本，爲字甚富。三國志鄧艾傳註引荀綽冀州記，謂爰俞辯於論義，採公孫龍之辭，以談微理。晉張湛列子註亦引原書白馬論，見仲尼篇。稱此論現存云云。劉孝標廣絶交論曰「縱碧雞之雄辯」，「碧雞」一義，即出本書，可證魏梁之間原著猶存。隋書經籍志無公孫龍子書名，但載守白論一卷。據汪馥炎君堅白盈離辯，見東方雜誌。謂「今本公孫龍子原名守白論，至唐人作註，始改今名」。不知隋志之守白論是否即汪君所指者；若爲公孫原著，是隋志固有其書，當時并未散佚也。按：本書跡府篇，稱公孫龍疾名實散亂，爲守白之論。汪君「守白論」一詞當或本是。但以爲本書原名，未詳所據。但鄙意對此仍含有下列疑問：

（一）隋志守白論不載作者姓名，是否公孫所著，或爲他人述作而書名偶同，均不可考。

（二）公孫原本名家，隋志守白論列在道家。名道兩宗，根本抵觸；繩以原書論旨，亦無攔入道家餘地。據此，或守白論另爲其他之道者所著，亦未可定。

(三)汪君稱公孫龍子原名守白論，唐人作註，始改今名。考之漢書藝文志，固明載公孫龍子十四篇，何言唐人始改？且考漢唐諸志及鄭樵所録統爲公孫龍子，并無守白論一名，均似可疑。

總之，隋志守白論，現既無相當證據定爲公孫原著，最少亦當付諸疑似之列，不能謂隋志絶無其書也。迨石晉劉昫等纂脩舊唐書，始明載公孫龍子三卷，并賈大隱陳嗣古註各一卷。賈爲武后時人，本書既經釋註，當爲此書存在之確據。楊倞註荀子，其正名一篇亦引堅白論證之。汪容甫定楊爲唐武宗時人，蓋是時已通行於世矣。宋史藝文志載公孫龍子一卷，鄭樵通志亦載一卷，亡八篇，是本書完本至宋始殘。玆就上述沿革歸納爲左列數義：

(一)由周至梁，本書完存無缺。

(二)隋唐之際，本書佚存未定。

(三)唐武后時，重見著録，仍爲完本。

(四)宋紹興前，亡八篇，賸六篇，爲今本。按：本書謝希深序，稱「今閲所著六篇」。謝爲英宗時人，是此八篇在英宗之時已經佚去。但謝序真僞未定(參看下條)，暫仍鄭志，定如上文。

綜上四項，本書前後嬗變之迹昭然可見。世亂兵燹，典册播蕩，即有晦顯之遭，寧爲真僞之界，姚説至此，可不攻自破矣。按：近人李笠對姚説曾爲駁論曰：「古書有晦於前代，而現於後人者，即如敦煌石室書，豈宋明人所及見耶？私家秘籍偶然發見，亦不能概以僞書屏之也。即如内經太素，載於隋志而不見於後來書目，袁昶偶然獲於異域，豈可言其作僞哉？古代典籍聚於公家，史臣亦祇就官有者而著録之；其散入民間者，未必如近代之窮搜博訪也；故往往晦於一時耳。」其説亦允，見所著國學用書撰要。

賈大隱陳嗣古註，亦見鄭樵通志，今俱不存。明鍾伯敬重刊此書，改名辯言，不經已極。計明清兩代校印本書者：有道藏本、梁杰本、馮夢楨本、楊一清本、明嘉靖刻五子全書本、明子彙本、明吉藩刻二十家子書本、緜眇閣本、墨海金壺本、守山閣本、即金壺舊版。崇文書局百子全〔一〕書本。掃葉山房有覆印本。至註釋家，俞蔭甫俞樓雜纂有讀公孫龍子三十三條，孫詒讓札迻有六條。現通行本爲謝希深註。按：希深名絳，宋富陽人。父濤，有父行，進士起家，累官至太子賓客。絳舉進士甲科，爲兵部員外郎。修潔醖藉，以文學知名。嘗歷州縣，所至大興學舍。有文集五十卷。明鄭環井觀瑣言稱「歐有尹師魯謝絳」，梅聖俞宛陵集亦時載與唱酬諸詩，蓋歐公門下士也。細繹所註公孫龍子，多未徵信，兹分疏疑蘊於左：

（一）謝註於原文旨趨，意頗推挹，并無貶辭；而自序一篇反詆〔二〕爲虛誕；前後矛

〔一〕「全」字，原誤「金」，據百子全書改。
〔二〕「詆」字，原作「祗」，據文義改。

盾，不無間隙。

（二）謝註此書，應見宋志，竟未列入；而關於謝氏之記載，亦祇有文集若干卷，未詳此註，均涉可疑。

（三）謝序署名，稱「宋謝希深序」。自序而標以宋人，前代典籍乏此先例。繹此五字，似爲後人代添序尾。原文是否希深所作，因成疑問。

就上數證，疑註者序者共爲兩人。而註中文字亦恐不出希深之手。或爲賈陳原著經其剥奪，或由後人託名，均未可詳。要之古代典籍真僞雜出，贋註冒序亦所時有。如郭象注莊、劉向序列，或出剽竊，或爲僞托。馬敍倫列子僞書考。又如鬼谷一註假名宏景。周廣業鬼谷子陶弘景註序。成例甚多，不煩枚舉。謝註真贋，必有能辯之者。公孫學説，除所著書，散見於周秦諸子者，尚有莊子天下篇之二十一事、列子仲尼篇之七事。天下篇所述，雖非公孫專創，最少公孫亦爲倡論者之一人。原書有云：「辯者以此與惠施相應，終身無窮。桓團公孫龍辯者之徒，飾人之心，易人之意……辯者之囿也。」是以二十一事爲辯者與惠施駁論所資，而入桓團公孫龍於「辯者之徒」，則確認其説爲龍與同時輩侶所倡言者矣。茲將列子所引並録於左：

莊子天下篇二十一事：

（一）卵有毛。（二）雞三足。

（三）郢有天下。（四）犬可以爲羊。

（五）馬有卵。（六）丁字有尾。

（七）火不熱。（八）山出口。

（九）輪不輾地。（十）目不見。

（十一）指不至，至不絶。（十二）龜長於蛇。

（十三）矩不方，規不可以爲〔一〕圓。（十四）鑿不圍枘。

（十五）飛鳥之影未嘗動也。（十六）鏃矢之疾而有不行不止之時。

（十七）狗非犬。（十八）黄馬驪牛三。

（十九）白狗黑。（二十）孤駒未嘗有母。

（二十一）一尺之捶，日取其半，萬世不竭。

列子仲尼篇七事：

（一）有意不心。（二）有指不至。

〔一〕「爲」字，據莊子補。

(三)有物不盡。　(四)有影不移。

(五)髮引千鈞。　(六)白馬非馬。

(七)孤犢未嘗有母。

右上兩書，其詞意俱同者二事：如天下篇之(十一)(二十)，仲尼篇之(二)(七)。詞異意同者二事：如天下篇之(十五)(十七)(二十一)，仲尼篇之(四)(六)(三)。至見於本書者，則天下篇之「雞三足」，仲尼篇之「白馬非馬」耳。其他諸義，未必無之；篇文脱佚，已莫從質證矣。或以列子一書爲後人僞作，莊子外篇亦多駁雜，其所稱述未必即得公孫之真。今按〔一〕列子各篇，確爲後人會粹補綴而成。但其資料多出姬漢故籍，馬叙倫列子僞書攷。當爲可信。至莊子天下篇雖非周所自著，繹其詞旨，亦出晚周人手，或爲門下弟子所作。聞見既切，所録稱實，吾人但摭學理，即非自著，庸復何傷？且周秦子籍每多不自論述，同派晚輩輯其言行，附以存道，亦所時有。如晏子春秋及莊子讓王、漁父諸篇，章學誠文史通義。不無徵例。古人之言，期於爲公，此蓋非所諱避。故班固藝文志于每略每種結末，率標若干家，以明其義，九流之書別家而不別人。述作不必一手，宗風實出一派。如管子

〔一〕「按」字，原誤「接」，據文義改。

孟子即管氏孟氏之家言，更不必本人自著也。此義既瞭，則莊列所載公孫學説有無疑義，可釋然矣。

公孫學派出自何宗，此最當明辯。綜攬羣籍，約有數義，兹分舉於左：

一主出自墨家。　是説創自晉之魯勝，於所著墨辯註序謂「惠施公孫龍祖述其學，以正別名顯於世」。清儒張惠言沿之。其書墨子經説解後云：「觀墨子之書，經説、大、小取盡同異堅白之術。蓋縱横名、法家，惠施、公孫、申、韓之屬皆出焉。」汪容甫墨子序亦言公孫龍爲平原君客。當趙惠文孝成二王之世始治墨經。陳蘭甫東塾讀書記更以墨子小取篇「乘白馬」「盗人」諸説與公孫相似，爲出於墨氏之證。孫詒讓墨子閒詁謂「堅白異同之辯，與公孫龍書及莊子天下篇所述惠施之言相出入」。似亦以公孫學風淵源墨家矣。近人胡適之益附其説，進以墨經爲施龍一輩所作。俱見所著諸子不出於王官論及惠施公孫龍之哲學、中國哲學史大綱別墨諸篇。梁任公不主施龍著經，而以龍之學派確出墨門。於其讀墨經餘記墨子學案皆反覆言之。此一義也。

一主出自禮官。　是説始見班固藝文志。其書本子駿七略，而七略又出子政別録。當是中壘父子已有此説。兩書久佚，今不可考。班志列施龍於名家。更爲説曰：「名家者流，蓋出於禮官。古者名位不同，禮亦異數。孔子曰：『必也正名乎！名不正則言不順，言不順則事不成。』此其所長也。及譥者爲之，則苟鉤鈲析亂而已。」是後治學者多主其說。近人章行嚴更以漢志所列名家皆「譥者」一流，龍即「譥者」之一；墨自爲墨，與之絕不同流。並謂墨經爲當時墨者抗禦「譥者」所作，故其造論，義主反駁，與施龍之旨每多齮齕。外列多證，推言其故。見所著名墨訾應論及訾應考、墨學談三篇。此又一義也。

一主出自道家。是説以古者學在官而不在民。老子世爲史官，掌學庫之管鑰。一出而洩秘藏，學者宗之。各獲師之一耑，演爲九流。得其玄虛一派者，爲名家。廉江江瑔於讀子卮言中始暢其旨。卮言第十章論道家爲百家所從出篇。近人有朱謙之者著周秦諸子學統述，益附益之。引老子以證本書「雞三足」、「白馬非馬」諸義，諸子學統述名家第四。謂公孫學派衍自彼宗，此又一義也。

上述第三義謂名家源出老氏，老之論理觀念爲無名一派，與施龍根本相反，其說殊無是處。所餘二義，余主墨家一說，而觀察則稍不同。胡梁諸子以施龍學出墨氏，謂其造論資料文句多與經同，足爲左證。章氏則以名墨兩宗同論之事，其義莫不相反，申明彼此訾應異流之趣。以余所見，施龍立論誠多與墨相反，然惟其如此，乃愈證施龍爲墨家者流。今於推言之先，當略明兩家相異之點。大抵章氏所列名墨訾應各條，多據莊子天下篇之二十一事，盡以歸諸惠施，證其與墨相左。不知此爲桓團公孫龍及其他辯者持以與施論難之旨，非施自有。說見上條。且除是以外，其散見本書者，尚有數義，今列舉於下：

（一）墨經以「二有一」，公孫主「二無一」。說見本書通變論篇。

（二）堅白於石，墨經主盈，公孫主離。說見本書堅白論篇。

（三）白馬非馬，與墨經「偏去莫加少」之旨相違，已見名墨訾應攷。又墨子小取篇以物有「或是而然者」，如「白馬，馬也；乘白馬，乘馬也」之例是。有「或是而不然者」，如「盜人，人也；多盜，非多人也」之例是。公孫「白馬非馬」一義，與墨子「盜人」例同，胡適之墨子小取篇新註。正墨家所謂「是而不然」者。而其「是而然」者，則「白馬馬也」，與公孫之旨適成反對。

準是，則施龍之旨既與墨殊，何謂其即出於墨？莊子天下篇曰：「相里勤之弟子五侯之徒，南方之墨者苦獲、已齒、鄧陵子之屬，俱誦墨經，而倍譎不同，相謂别墨。以堅白同異之辯相訾，以觭偶不仵之辭相應。」其「倍譎不同」四字最爲關鍵。按說文「倍，反也」。荀子禮論「故大路之馬必倍」，楊倞註：「反之車在馬前，令馬熟識也。」又假借爲「背」。韓非、淮南、陶潛集聖賢羣輔録「倍譎」均作「背譎」，意俱相同。譎，東京賦「瑰異譎詭」，註

「變化也」；舞賦「瑰姿譎起」，註「異也」。此言「倍譎」，應依朱豐芑説訓爲「乖違」。見説文通訓定聲。言相里之徒雖誦墨經，而與經旨乖違；下接言「不同」，申言其相異也。既與墨殊，誦經者流乃互遮其不合之處，誚以「别墨」。「别墨」猶言異端，謂與真墨相别也。細繹莊子語意，所以析相里異墨之迹甚明。今按施龍學派，即屬於此宗旨。於何證之？下文接云「以堅白同異之辯相訾」，「堅白」一義，暢於公孫，惠施亦時闡其旨。莊子齊物論稱「惠子之據梧也……故以堅白之昧終」，可證。足知均爲相里一流而俱誦墨經者。其所持論，又多與墨僢馳，適符所謂倍譎不同之義。則施龍之不合於墨，正其出於墨經之顯徵也。章氏摭彼異點謂爲殊途，適得其反矣。或以「倍譎不同」係指相里苦獲諸人，自相差别，非與墨殊。不知若輩既俱誦墨經，持論自宜一致；如有倍譎，間接即不合於墨。其理甚明，無待繁解。於此又當有詰者曰：如誦墨經而不與經合，則顯爲異派矣，何又謂爲學出於墨？曰：施龍之於墨經，但肄其辯論方法耳。經中界説，猶 Aristotle 之連珠律令，具有法例，條貫著明，爲籀繹名理之工具。施龍所取，端在乎是。至其由方法而證得之學理，與墨或殊，則 Aristotle 之與 Plato，固嘗以師弟而反駁指摘矣。惟言公孫誦經，獨習辯術，法應列證，俾便推究。兹分寫數則於下：

（一）墨經之邏輯方式，間如西洋之三支，合大前提、小前提、斷案三者而成。如經説下：

大前提＝「假，必非也而後假。」

小前提＝「狗，假虎也。」

斷　案＝「狗非虎也。」

公孫書中亦時有用此格者。如「白馬非馬」一義，訂其式爲：

大前提＝「命色者，非命形也。」

小前提＝「馬者，所以命形也。白者所以命色也。」

斷　案＝「故白馬非馬。」按：上列三支均依公孫原文，其斷案一詞故有未合，此但明其方式耳。

（二）墨經之根本原理衹在明「類」。原書關於「類」之界説，如經上篇：「同：重，體，合，類。異：二，不體，不合，不類。」經下篇：「正：類以行之，説在同。」「推類之難，説在大小。」「異類不比，説在量。」「一法之相與也盡類，若方之相合也，説在方。」以上均依梁任公校本。其明「類」方法，則在小取篇之「以類予，以類取」。前爲演繹，後爲歸納。公孫書中亦每用此項規律。如通變篇之「羊合牛非馬」、「牛合羊非雞」、「青以白非黄」、「白以青非碧」，各項界説皆以「類」字爲根本原理，推正其是非。篇中如「是不俱有，而或類焉」、「是俱有而類之不同也」、「若舉而以是，猶類之不同」、「其無以類，審矣」、「黄其馬也，其與類乎」諸語，均可指證。又書中白馬諸論，理似紛賾，細繹其指，皆展轉以「類」相明；反之墨經，淵源益著矣。右上兩項，尋常言文中時見其例，不必限於墨施，此特顯著耳。參看本書通變論篇。

（三）墨子大取、小取兩篇爲墨經餘論。孫仲容大取篇題註。小取列論證之法則有七，其一爲「侔」。解之曰：「侔也者，比辭而俱行也。」即用彼一判斷説明此一判斷。本書跡府篇以仲尼「異楚人於所謂人」，侔孔穿「異白馬於所謂馬」；以齊王「知好士之名，而不察士之類」，侔孔穿「知難白馬之非馬，不知所以難之説」，皆以其法，轉相折辯。惟跡府原文非龍自著，當是龍穿辯難之詞載之他籍，經後人纂輯而成，説見本篇。仍未爲失真也。

（四）墨經陳義每有特殊術語，所定界説異乎他宗。如「舉」、「類」、「正」、「狂」、「盈」、「當」、「唯」、「行」諸字，公孫本書屢沿用之。是猶科學之專門名詞，另標新詁，不能間越。兩相對照，公孫所習何宗，由其所用字訓，可以上識師承矣。

右上各端，於公孫所用論辯方法、淵源墨經之處，略見其例。惜原書殘佚大半，未能博引。至此可總括前義，爲一結論曰：公孫誦經，係於方法方面傳其論辯之術，於義理方面則或背而不遵。嗚呼！所謂「倍譎」者在是，所謂私淑者亦在是也。

雖然，公孫而果出於墨者，其在墨門之中居何地位？是當明瞭墨學傳授之派別。關於此節，任公論之最審。其言曰：「墨子之所以教者，曰愛與智。天志、尚同、兼愛諸篇，墨子言之而弟子述之者，什九皆教愛之言也。經上、下兩篇，半出墨子自著，南北墨者俱誦之。或誦所聞，或參己見，以爲經說，則教智之言也。」墨經校釋序。嘗就任公之説，分墨學爲兩宗：一屬於教愛者，爲墨子之倫理學；一屬於教智者，爲墨子之辯證學。夷考其原，係以所得之辯證方法，闡其所抱之倫理主義。如墨子非儒、非攻、非樂、非命、兼愛、節葬、節用諸篇，胥能窺其論理工具之完密。言愛言智，理實一貫。而徒屬傳授，每就性之所近，各有專習。得其倫理一派，多演爲實踐家，如孟勝禽滑釐諸人是也。得其辯證一派，多演爲名理家，如三墨惠施諸人是也。正類孔門之中，顔氏傳詩，孟氏傳書；陶潛集聖賢羣輔録。大乘教下，龍樹明性，無着明相，皆同源而異流者也。公孫後墨子一百四十餘歲，略據梁任公先秦政治思想史人物年代表。雖以晚出，未獲親炙，但既誦習墨經而傳其籀理方法，應爲辯證一派。所不可掩者，惟曾勸燕昭王趙惠王偃兵，亦似受墨子非攻主義之影響，近於倫理一派。但置之公孫學説全部，仍當認爲末耑。且吾前既言，墨子立教，愛智相通。學統分傳，交相激蕩，不無融化滲合之處，祇就其大者專者言之耳。今依瑞安孫氏墨學傳授考弟子人名，列爲墨學派別表於左，以明其系：

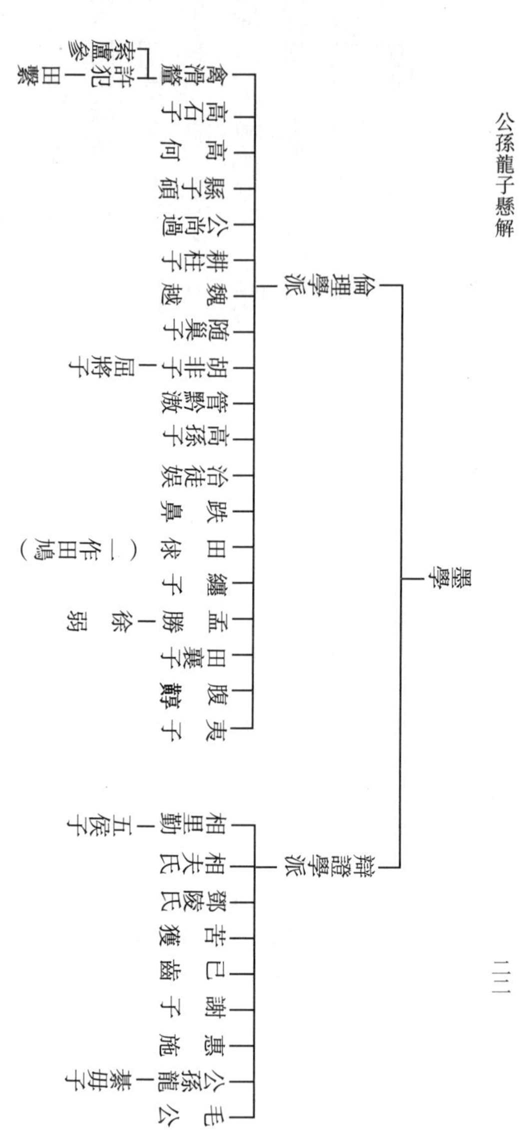


右表，凡傳授考中事迹不明及叛道行乖者，均不録。施龍二人，係按前説補入。漢書藝文志註引劉向别録謂「毛公論堅白同異，以爲可以治天下」，是所稱述，似與公孫同一學系，且并游平原君門下，當是一時輩侶，故次於龍左。又史記平原君列傳註亦引别録，謂「騶衍過趙，見公孫龍及其徒綦毋子之屬」，是以綦毋爲公孫隨從弟子，亦附入焉。

公孫學派果衍自墨氏，孟堅藝文志曷不列入墨家，而列入名家？ 是當先述名家學術之範圍。 兹引舊説於下：

名家苛察繳繞，使人不得反其意，專決於名而失〔一〕人情。……若夫控名責實，參伍不失，此不可不察也。司馬談論六家要指。

名家者流，蓋出於禮官。古者名位不同，禮亦異數。孔子曰：「必也正名乎！ 名不正，則言不順；言不順，則事不成。」此其所長也。班固漢書藝文志。

名家者流，所以辨覈名實，流別等威，使上下之分不相踰越也。崇文總目叙釋。

綜上定義，名家所事之範圍，厥爲控名責實。易言之，即爲正名。參看次條。漢志所列名家，書多殘佚。其可資考鏡者，莫不以是爲鵠。公孫之名實一篇，無論矣。他如鄧析尹文，悉同此旨。兹節録原書語文於左：

循名責實，君之事也。奉法宣令，臣之職也。鄧子無厚篇。

循名責實，實之極也。按實定名，名之極也。參以相半，轉而相成，故得之形名。……明君之督大臣，緣身而責名，緣名而責形，緣形而責實。鄧子轉辭篇。

〔一〕「失」字，原誤「先」，據史記太史公自序改。

名也者，正形者也。形正由名，則名不可差。……有形者必有名，有名者未必有形。形而不名，未必失其方圓白黑之實，名而不可不尋名以檢其差。故亦有名以檢形，形以定名，名以定事，事以檢名。察其所以然，則形名之與事物，無所隱其理矣。……今萬物俱存，不以名正之則亂。萬名俱列，不以形應之則乖，故形名者不可以不正也。尹文子大道上。按：原書多論名實文字，繁不具引。

名家既以正名爲事矣。以吾所見，初則但如孔子「名不正則言不順」，指陳正名與政治社會之利害關係，椎輪大輅，動機尚微，并未以此專其所學，更無所謂名家之號也。迨後道家諸子，若楊莊一流，煽老氏無名之學風，以名僞無實，列子楊朱篇。是非齊一，旨詳莊子齊物論各篇。詞鋒犀利，轉相詰難。正名者流，乃思爲自衛之策。更以嚮論單純，壁壘未堅。對於自身，進而討論正名之工具；對於他宗，轉而研求辯證之方法，相激相蕩，蔚成宗風。此時代著述，可以尹文子大道上篇、公孫龍子名實論、荀子正名篇等代表之。而墨經一書尤爲圭臬。墨子著經，按係另有作用。魯勝墨辯註叙云：「墨子作辯經以立名本。」是正名亦爲著經條件之一。又墨經各條，必以一字或數字標題，下説明題字定義。如第一條標爲「故」字，接云：「所得而後成也。」第二條標爲「體」字，接云：「分於兼也。」餘俱類是。其所標題字，若「故」若「體」，皆名也。所述題字定義，如「所得而後成也」、「分於兼也」，皆所以正「故」「體」之名也。名之不正，由其界説不定；既定矣，胡爲不正？此愚千慮一得，認爲墨經上下必兼爲正名作也。惟當時諸子之言正名，有兼有專。兼者，如管子韓非以法家談名，見管子樞言篇、白心篇、韓非子揚權諸篇。又班志列管子於道家。史記管晏列傳贊正義引七略「管子十八篇，在法家」。清四庫書目等書均入法家，茲從之。荀子以儒家談名，墨子以墨家談名，尸子呂子以雜家談名。汪輯尸子分篇、發蒙篇，呂氏春秋先識覽八諸篇。在其學説全部祇佔一域；或爲所標主義之一種基念，或以論旨旁衍與名相通。總之踳而不純，雖曾論名而不爲專家。後之史官仍就其學術宗旨之大者正者屬於何派，謂爲法家，或儒家、墨家、雜家，以明其宗而昭其實，初不謂之名家也。專者如施龍諸子，其學説全部特重於名，貫徹初終，成一家之言。源雖他出，幟壇頓異。故尹文當時即有名法儒墨之分號，大道上篇。用別他宗。太史公談乃更爲名家一詞，引納其人。中壘父子沿之。孟堅漢書更因以入志。此名家一義成立之源，而公孫所以由墨歸名也。馬遷書載申韓之學，導源老氏，史記老莊申韓列傳謂申韓「慘礉少恩，皆原于道德之意」。又稱「老子著書上下篇，言道德之意」云云。彼此對照，可識其旨。夷考漢志，則前爲法家，後爲道家。此與公孫誦習墨經，不入之墨而入之名，同一理也。又班氏藝文志有互見之例，章學誠校讎通義互著第三。一人能兼數家之學，一書能入數家之目。同爲商鞅，可以入法家，亦可以入兵家。同爲黃帝，可以入道家，亦可以入陰陽家、小説家。九流部次，並非不能相通。公孫之爲墨爲名，又何間焉。

名與實，相表裏者也。始本無名，因實而生名；繼而有名，循名以責實。今有恆言曰博愛自由平等，所謂名者也。正此之名，以召天下。進而求其實，是否與名相符？果博愛乎？果自由平等乎？如不相符，若何而求符？所謂「責實」者是也。然實由名辨，名之不立，何緣相責？具名而不正，雖責何成？此又正名之功用也。細至一身，推及社會國家，執此以繩，若綱在綱。董仲舒曰：「名者，大理之首章也。録其首章之意，以窺其中之事，則是非可知，順逆自著。」春秋繁露深察名號第三十五。旨哉言乎！此物此志也。雖然，學術思想之發展變遷，恆有時代之背影映乎其後。正名主義何以發生於周、秦、戰國之際？吾嘗進而求其背影，知當時所謂法紀名分者，蓋已蕩然無存。諸侯力政，蕩閑亂位，率獸食人，毒禍無已。鉤鈲析亂之徒又從而騁辭取容。因名亂名者有之，因實亂名者有之，因名亂實者有之。俱見荀子正名篇。苛察繳繞，無倫無脊。故荀子曰：「今聖王没，名守漫，奇辭起，名實亂，是非之形不明，則雖守法之吏，誦數之儒，亦皆亂也。」賢士哲人鑒於名亂而通於世變也，畫然思所以矯之之術。對證量劑，乃出於正名之一途。淮南子曰：「諸子之興，皆因救時之弊。」要略篇。正名者流，殆亦出乎救時，公孫即其一也。今所著書已無能窺其全豹，而最後名實一篇，分界别域，絲忽不假。其循名責實之精神，均躍然可見。至白馬、堅白、指物、通變諸篇，似曼衍恢譎矣。然其理論，謂爲不諧於俗則可，謂非徹底忠實之研究則不可。白馬何以非馬？堅白何以離石？實有攸歸，名何能亂。矯而正之，以明其真。真出而名實辨，由是通政治之管鑰焉。故本書云：「公孫龍疾名實之散亂，假物取譬，以守白辯。……欲推是辯，以正名實，而紀天下焉。」魯勝墨經辯註叙曰：「取辯於一物，而原極天下之污隆。」又西山真氏曰：「其著堅白同異，欲推之天下國家，使君臣上下循名責實，而後能治者，可謂詳矣。」是皆深洞公孫命意所在，知其斤斤於一馬一石之微，非以逞口給，邀辯名。亦欲深入而顯出之，正彼名實，以藥時弊也。綜厥公孫生平，如勸燕昭王趙惠王偃兵諸端，莫不睠睠蒼黎，瘏口相諍；言行之大，俱見篇籍。而後人以其掉口細事，不耐探討。更因學派異流，若不韋、淮南、子雲、直齋之徒，皆並口相詆，謂爲詭辯。其洞精墨學之仲容孫氏，亦或不免有微辭焉。見與梁卓如書。塵薶終古，誰識其濟世苦心哉！

如上所述，名家之興既基於救時，劉略、班志乃以其學術淵源禮官，無乃非歟？曰然。劉班所云某官之掌，即法具於官、官守其書之義也。其云流而爲某家之學，即官司失職而師弟傳業之義也。本章學誠校讐通義原道第一。名之於禮，未始不可相通；而必以官師合一之旨，牽名家而就之，謂爲出自禮官，則失其真矣。欲宣其蘊，當返諸原始制「名」之本意。按説文：「名，自命也。从口从夕。夕者，冥也。冥不相見，故以口自名。」此其造字之初，雖以晤言會意，推諸事務，胥同其理。物而不能摭實，事而不能具體，皆如冥不相見，可以口名也。名定而人共守之，塞乎宇宙，無無名者，範圍廣矣。是故名之分類，在邏輯學中爲量甚繁。吾國往古論名之士，亦或區爲數科。如墨經之「達名」、「類名」、「私名」，尹文之「命物之名」、「毁譽之名」、「况謂之名」，大道上。此就廣義分之也。荀卿以「刑名從商，爵名從周，文名從禮，散名之加於萬物者，則從諸夏之成俗曲期」。正名篇。此其定義，較前爲專。禮官所掌，乃上述四名之一耑，國家五禮節文之名，所謂「文名」是也。名家致力，類在「散名」。「散名」爲名之散在人間者，隨俗制定，易致淆亂，因以施其正之之術；章行嚴聯邦論答潘力山篇頗主是説，章太炎國故論衡原名篇亦以名家論列爲散名一門。與禮官并不同類。前爲文名，後爲散名。含諸名之全量，并派分流，其位相埒，更無所謂官守傳業之先後也。且禮官職司，爲已成之典章。名家論述，爲籀證之新解。前屬保守，後屬開拓。非特兩者精神判然不同，而名家以其努力所得，於所謂禮節者，或齗然不能相容。墨子洞精名學，於此尤顯。禮之於葬俱有定儀，而墨主節葬。禮之於樂亦有成章，而墨主非樂。其門下後學如施龍之徒，則愈接愈厲。甚舉常識之所公認者，力反其説。雞二足，而謂之三足；目能見，而謂之不見；白馬馬也，而謂之非馬；堅白寓於石也，而謂之分離。凡此所列，舉足證明名家禮官之分途，益見劉班所云未足據爲實録也。或以施龍諸子乃班氏原稱「謷者」之徒，其與禮官殊趣，即劉略、班志所謂「失而爲某氏之弊」者。參看章學誠校讐通義原道第一。曰：由斯以言，班志載列名家之書，何氏非「謷者」一流，而與禮官相通？若有其人，佐證何在？若無其人，烏云禮官爲所從出？如謂所列載籍完全爲「謷者」所作，章行嚴名墨訾應論即主是說。則又安可加以名家之號用紫奪朱？展轉思之，究竟難通，有以知師官合一之説未盡然也。

周秦之間有兩公孫龍。一爲仲尼弟子，字子石，少孔子五十三歲，春秋時人。見家語及史記仲尼弟子列傳。一爲本書著者之公孫龍，字子秉，戰國時人。二者年代懸殊。史記正義以前一公孫龍，引莊子之説，謂爲堅白之談。見仲尼弟子列傳。索隱又以後一公孫龍爲仲尼弟子。見孟子荀卿列傳。交相舛誤，殊堪發噱。孔子卒時，爲周敬王四十一年。公孫子石既少孔子五十三歲，是年應爲二十歲。其去赧王五十八年，即邯鄲破秦，公孫子秉食客平原之時，相距二百十九年。若爲一人，壽算至此，已逾二百數十餘紀，可一笑解矣。

與公孫同時大師，有孟軻、惠施、莊周、騶衍、荀卿諸子。孟惠年代稍前，荀卿較後，莊騶則前後略等。茲就其言行時地可資稽證者，編蒐羣籍，爲表於左，以明彼此出處之先後：

| 時代 | 孟軻 | 惠施 | 莊周 | 騶衍 | 公孫龍 | 荀卿 |
|---|---|---|---|---|---|---|
| 周烈王 | 四年四月四日生（孟子譜、呂元善聖門傳）。 | | | | | |
| 周顯王 | 游事齊宣王，宣王不能用，適梁，梁惠王不果所言（史記孟子荀卿列傳）。 | 三十五年齊梁會于徐州，爲施獻議（呂氏春秋）。 | 與齊宣王梁惠王同時（史記老莊申韓列傳）。 | 適梁，梁惠王郊迎（史記孟子荀卿列傳）。 | | |
| 周慎靚王 | | 二年，梁惠王卒，施尚在（戰國策）。 | 惠施卒後，周尚存（莊子）。 | | | 齊湣王時游學於齊（史記孟子荀卿列傳、汪容甫荀卿子年表）。 |
| 周赧王 | 二十六年十月十五日卒（孟子譜、呂元善聖門傳）。 | | | 適燕，燕昭王擁彗先驅（史記孟子荀卿列傳）。五十八年，邯鄲破秦後，衍過趙，平原君側行襒席，（史記平原君列傳、孟子荀卿列傳）。 | 三十一年前，曾勸燕昭王偃兵（呂氏春秋）。五十八年，勸平原君勿受封（史記平原君列傳）。 | 與秦昭王應侯問答（荀卿儒効篇、彊國篇）。與臨武君議兵（荀子議兵篇）。楚考烈王八年，荀卿爲蘭陵令（汪容甫荀卿子年表）。 |
| 秦始皇帝 | | | | | | 九年楚殺春申君，荀卿廢（史記六國表、孟子荀卿列傳）。 |

一人之學術思想凡足以號召一世者，每與同時之學人大師相激相盪。其以主觀不同而發生反動者有矣，其以相務求勝而排軋詆諆者亦有矣。公孫於例，殆未能免。上述諸子，孟於龍爲先輩，年齒相懸，似無若何接觸。惠據莊子天下篇所載，曾與公孫及其他辯者以二十一事相訾應。胡適之哲學史大綱以天下篇「辯者」謂係龍之前輩，謂公孫自身不及與施相辯，引原文「桓團公孫龍辯者之徒」諸語證之。按：辯者之徒，如謂辯者一流，公孫同時即在其中，非其後輩也。義詳前。原書僅標辯題，無從釋其詳旨。騶子只劉向別録載在平原君家辯論一段，參看事輯。亦無精意，從略。其於公孫學説攻擊最烈者，厥爲莊荀二家。兹分引原書語文於左：

以指喻指之非指，不若以非指喻指之非指也。以馬喻馬之非馬，不若以非馬喻馬之非馬也。天地一指也，萬物一馬也。莊子齊物論。按：「指」「馬」二喻，係對龍之指物、白馬兩論所發。其義甚辯，參看公孫原著及章太炎齊物論釋。

知詐漸毒，頡滑堅白，解垢同異之變多，則俗惑於辯矣。莊子胠篋篇。

公孫龍問於魏牟曰：「龍少學先王之道，長而明仁義之行；合同異，離堅白；然不然，可不可；困百家之知，窮衆口之辯；吾以爲至達矣。今吾聞莊子之言，茫焉異之，不知論之不及與，知之弗若與？今吾無所開吾喙，敢問其方？」公子牟隱機大息，仰天而笑曰：「子獨不聞夫埳井之鼃乎？謂東海之鱉曰：『吾樂與！出跳梁乎井幹之上，入休乎缺甃之崖；赴水則接腋〔一〕持頤，蹶泥則没足滅跗；還視〔二〕虷蟹與科斗，莫吾能若也。且夫擅一壑之水，而跨跱埳井之樂，此亦至矣，夫子奚不時來入觀乎？』東海之鱉左足未入，而右膝已縶矣。於是逡巡而卻，告之海曰：『夫千里之遠，不足以舉其大，千仞之高，不足以極其深。禹之時，十年九潦，而水弗爲加益。湯之時，八年七旱，而崖不爲加損。夫不爲頃久推移、不以多少進退者，此亦東海之大樂也。』於是埳井之鼃聞之，適適然驚，規規然自失也。且夫知不知是非之竟，而猶欲觀於莊子之言，是猶使蚊虻〔三〕負山，商蚷馳河也，必不勝任矣。且夫知不知論極妙之言而自適一時之利者，是非埳井之鼃與？且彼方跐黄泉而登大皇，無南無北，奭然四解，淪於不測；無東無西，始於玄冥，反於大通。子乃規規然而求之以察，索之以辯，是直用管闚天，用錐指地也，不亦小乎？子往矣！且子獨不聞夫壽陵餘子之學行於邯鄲與？未得國能，又失其故行矣，直匍匐而歸耳。今子不去，將忘子之故，失子之業。」公孫龍口呿而不合，舌舉而不下，乃逸而走。莊子秋水篇。按：此爲寓言，借

〔一〕「腋」字，原誤「掖」，據秋水篇改。
〔二〕「視」字，據御覽一八九引文補。
〔三〕「虻」字，據秋水篇補。

魏牟以折公孫，非實録也。

夫堅白同異，有厚無厚之察，非不察也。然而君子不辯，止之也。荀子修身篇。

若夫充虛之相施易也，堅白同異之分隔也，是聰耳之所不能聽也，明目之所不能見也，辯士之所不能言也，雖有聖人之知，未能僂指也。不知無害爲君子，知之無損爲小人。……而狂惑戇陋之人乃始率其羣徒，辯其談説，明其辟稱，老身長子不知惡也。夫是之謂上愚。荀子儒效篇。

本末相順，終始相應，至文以有別，至察以有説。……禮之理誠深矣。堅白同異之察，入焉而溺，其理誠大矣。荀子禮論篇。

非而謁，楹有牛馬非馬也，此惑於用名以亂實者也。荀子正名篇。

莊周曰：「兩怒必多溢惡之言。」人間世篇。上述駁議，未必悉得其平。而公孫之在當時，其影響於思想界者，可推得其概矣。孫詒讓敍墨學通論曰：「世之君子，有秉心敬恕，精究古今學業純駁之故者，讀墨氏之遺書，而以此篇證其離合，必有以持其是非之平矣。」竊比其義，不加評判，以俟世之知言君子。

清季學者註釋本書，先後有俞蔭甫孫仲容二氏，然皆考據家言也。其在清初，有吴人程雲莊者，服膺公孫，爲守白論一篇。鮚埼亭外編載書程雲莊語録後一文，稱全篇分十六目，其前八目曰：

不著形質，不雜青黃之白，是爲真白。此彼相非之謂指。指有不至，至則不指；不指之指，是爲真指。是非交錯，此彼和同，是爲指物。青白既兼，方員亦舉，二三交錯，直析橫分，是爲指變。萬變攘攘，各正性命，聲負色勝，天地莫能定，惟人言是正。言正之物，是爲名物。惟名統物，天地莫測。天地莫測，名與偕極。與天地偕極之物，其誰得而有無之？幻假之，是爲真物。指而非指，非指而指，非指而指，而指非指，是爲物指。一不是雙，二自非一，隻雙二隻。黃馬堅石，惟其所適，此之謂物變。

其後八目曰：

不落形色，不涉是即。自地之天，地中取天，曰地天。統盡形色，脱盡是即。有〔一〕天之地，天中取地，曰天地。天地地天，地天天地，閃鑠難名，精光獨透〔二〕，曰真神。至精至神，結頂位極，名實兼盡，惟獨爲正，曰神物。天地之中，物無自物，往來交錯，物

〔一〕「有」字，原作「自」，據鮚埼亭集外編卷三十四書程雲莊語録後改。

〔二〕「透」字，原作「逸」，據書程雲莊語録後改。

各自物，惟審乃知，曰審知。惟審則直，惟至則止，縱横周偏，一知之至，曰至知。實不曠位，名不通位，惟慎所謂，名實自正，曰慎謂。彼此惟謂，當正不變，通變惟神，神化惟變〔一〕，曰神變。

其宗旨則曰：

天地惟神，萬物惟名。天地無知，惟神生知。指皆無物，惟名成物。

按雲莊名智，一字子尚。洞精易學。此篇參以釋老，附會成説。間有精到之處，與公孫原著互相發明。絶學千載，殆空谷足音也。

〔一〕「神化惟變」，據書程雲莊語録後補。

# 公孫龍子懸解一

## 跡府第一

俞蔭甫曰：「楚詞惜誦篇『言與行其可迹兮』，注曰：『所履爲迹。』跡與迹同。下諸篇皆其言也，獨此篇記公孫龍子與孔穿相問難，是實舉一事，故謂之跡。」按：俞説是也。「府」，小爾雅廣詁訓叢。秦策「此謂天府」，註：「聚也。」義俱相近。此言「跡府」，即彙記公孫事跡之意。原文非龍自著，似由後人割裂羣書，薈萃而成。其證有三：

（一）本篇開始，提書「公孫龍，六國時辯士也」。中段又曰：「公孫龍，趙平原君之客也。」自著之書，無此語氣。其對孔穿先教後師之語，上下重複，尤證非出一手。

（二）篇中後人補綴之跡，諸書俱在，均可覆按。如尹文論士一段，見呂氏春秋先識覽八；孔子論楚人一段，見孔叢子公孫龍第十一。孔叢僞書，或是此段另見他籍，纂本篇之人與僞孔叢者同採取之，今不可考矣。

（三）白馬非馬之義，已詳專篇，此章反數數及之，覆床疊架，於例未合。當係採諸他書，依文排列，并未計及後文應照與否也。

綜上數點，本篇之爲僞作，已無疑義。近人章行嚴於甲寅週刊跡府篇獨辨爲真。意以學者著述，輒以自身言行公之於世。一人自狀，百人同證，本篇即屬此類。其言辯矣；然於上述罅隙，將何以藏掩耶？

「跡府」，「跡」，陳蘭甫注本作「迹」。道藏各本作「跡〔一〕」。俞蔭甫所據本亦作「跡」。

**公孫龍，六國時辯士也。疾名實之散亂，因資材之所長，爲「守白」之論。假物取譬，以「守白」辯。**

「名實」定義，詳後名實篇。「因資材」句，指龍自身之天資材器，於辯論之術有所獨優。謝希深謂「物各有材，聖人之所資用者也」，殊失其旨。「守白」，俞蔭甫曰：「守之爲言執守也。執白以求馬，是謂守白。夫道不可以有執也。執仁以求人，義士不至；執智以求人，勇士不來；故公孫龍有守白之論也。」按「白」之一字，指下文白馬而言。執白而辯非馬，故爲「守白」一辭，以標論旨。俞說「道不可有執」，既言守白，白非執乎？似爲未允。

**謂白馬爲非馬也。白馬爲非馬者：言白所以名色，言馬所以名形也；色非形，形非色也。**

---

〔一〕「跡」字，原作「迹」，據道藏本改。

夫言色則形不當與，言形則色不宜從；今合以爲物，非也。如求白馬於廐中，無有，而有驪色之馬；然不可以應有白馬也。不可以應有白馬，則所求之馬亡矣；亡則白馬竟非馬。欲推是辯，以正名實，而化天下焉。

白馬一義，詳下白馬論篇。末言「欲推是辯，以正名實」，深洞公孫造論之微。參看敍録。

龍與孔穿會趙平原君家。

孔穿，字子高，孔子六代孫。列子張湛注引世紀云：「公孫龍弟子也。」按下段及孔叢子均載龍穿論辯之辭。繹其語意，類非師弟所爲。或文中有「願爲弟子」諸語，誤會其詞耳。

穿曰：「素聞先生高誼，願爲弟子久；但不取先生以白馬爲非馬耳。請去此術，則穿請爲弟子。」

龍曰：「先生之言悖。龍之所以爲名者，乃以白馬之論爾。今使龍去之，則無以教焉。且欲師之者，以智與學不如也。今使龍去之，此先教而後師之也。先教而後師之者，悖。且白馬非馬，乃仲尼之所取。龍聞楚王張繁弱之弓，載忘歸之矢，以射蛟兕於雲夢之圃，而喪其弓。左右請求之。王曰：『止！楚王遺弓，楚人得之，又何求乎？』仲尼聞之曰：『楚王仁義而未遂也。亦曰「人亡弓，人得之」而已，何必楚？』若此，仲尼異楚人於所謂人。夫是仲尼異楚人於所謂人，而非龍異白馬於所謂馬，悖。先生修儒術而非仲尼之所取，欲學而使龍去所教，則雖百龍固不能當前矣。」孔穿無以應焉。

此段亦見孔叢子，惟詞句少異。按人與楚人，以邏輯繩之：前爲周延，後爲不周延，參看本書白馬論篇。兩辭之範圍不同。馬與白馬，義亦類是。故仲尼異楚人於所謂人，公孫異白馬於所謂馬，二者命題，其式相侔，乃引此爲比也。但孔子論旨，原本同仁大公之懷，泯除人與楚人界限，與公孫之審覈名實者，又自各別，此特取其論式相類耳。

「楚王遺弓」，「王」，陳本作「人」。道藏及守山閣諸本均作「王」。按：陳本是也。下文「人亡弓，人得之而已，何必楚」，上二「人」字即承此而發。又「仲尼異楚人於所謂人」，其「楚人」亦指此。孔叢子公孫龍篇正作「人」，尤可證。

公孫龍，趙平原君之客也。孔穿，孔子之葉也。穿與龍會，穿謂龍曰：「臣居魯，側聞下風，高先生之智，説先生之行，願受業之日久矣，乃今得見。然所不取先生者，獨不取先生之以白馬爲非馬耳。請去白馬非馬之學，穿請爲弟子。」

公孫龍曰：「先生之言悖。龍之學，以白馬爲非馬者也。使龍去之，則龍無以教。無以教而乃學於龍也者，悖。且夫欲學於龍者，以智與學焉爲不逮也。今教龍去白馬非馬，是先教而後師之也。先教而後師之，不可。先生之所以教龍者，似齊王之謂尹文也。齊王之謂尹文曰：『寡人甚好士，以齊國無士何也？』尹文曰：『願聞大王之所謂士者。』齊王無以應。尹文曰：『今有人於此，事君則忠，事親則孝，交友則信，處鄉則順。有此四行，可謂士乎？』齊王曰：『善！ 此真吾所謂士也。』尹文曰：『王得此人，肯以爲臣乎？』王曰：『所願而不可得也。』是時齊王好勇。於是尹文曰：『使此人廣庭大衆之中，見侵侮而終不敢鬬，王將以爲臣乎？』王曰：『鉅士也？ 見侮而不鬬，辱也。辱則寡人不以爲臣矣。』尹文曰：『唯見侮而不鬬，未失其四行也。是人未失其四行，其所以爲士也。然而王一以爲臣，一不以爲臣，則向之所謂士者乃非士乎？』齊王無以應。

「臣居魯」，按漢書高帝紀「臣少好相人」，注：「古人相與語，多自稱臣，自卑下之道也。」又書費誓「臣妾逋逃」，鄭注：「臣妾，廁役之屬也。」大抵古人稱臣，其施於儕輩者，猶男子稱僕，女子稱妾，以廁役自牧之意，不盡對君言也。「尹文」，吕氏春秋、說苑均載與齊宣王湣王問答事，蓋當時稷下士也。漢書藝文志注稱先公孫龍，而容齋續筆引劉歆語，謂與宋鈃諸人同學於龍。仲長統尹文子序宗其說。今以此段校之，漢志注爲可信。以果學於龍者，當不至師引弟語爲重，必在龍前也。又姚首源古今僞書考亦謂公孫後於尹文，是代甚相殊懸。據此，當知劉仲之說非審也。「以齊國無士」，俞蔭甫曰：「以字，乃如字之誤。」「鉅士也」，孫仲容曰：「鉅與詎通。荀子正論篇云：『是豈鉅知見侮之爲不辱哉。』楊注云：『鉅與遽同。』明刊子彙本及錢熙祚本竝作詎，疑校者所改。」又「唯見侮而不辱」，俞蔭甫曰：「唯當爲雖，古書通用，說見王氏引之經傳釋詞。」按吕氏春秋先識覽八同載此文，「唯」已作「雖」矣。「其所以爲士也」，俞蔭甫引吕覽，以句上有「是未失」三字，本書脫之，應據校補。

「欲學於龍者」，「於」，守山閣本譌作「而」。

「以齊國無士何也」，「以」，守山閣本及孔叢子公孫龍篇均作「而」。陳本及道藏各本作「以」。俞蔭甫曰：「以，乃『如』字之誤。」陳蘭甫曰：「以，猶而也。」按：此句如作「而」字，可不煩改釋而義自通。應從守山閣本訂正。

「唯見侮而不鬭」，「唯」，呂覽作「雖」，已見原釋。孔叢子公孫龍篇亦作「雖」。

「其所以爲士也」，此句，呂覽作「未失其所以爲士」。

尹文曰：『今有人君將理其國，人有非則非之，無非則亦非之；有功則賞之，無功則亦賞之：而怨人之不理也可乎？』齊王曰：『不可。』尹文曰：『臣竊觀下吏之理齊，其方若此矣。』王曰：『寡人理國，信若先生之言，人雖不理，寡人不敢怨也。意未至然與？』

玉篇：「歟，古通作與。」「意未至然與」，呂覽作「意者未至然乎」。殆云尹文所述，意未必至是。問之詞，與下文尹文曰「言之敢無説乎」語氣自合。謝註：「意之所思，未至大道。」非是。

尹文曰：『言之敢無説乎？王之令曰：「殺人者死，傷人者刑。」人有畏王之令者，見侮而終不敢鬭，是全王之令也。而王曰：「見侮而不鬭者，辱也。」謂之辱，非之也。無非而王辱之，故因除其籍，不以爲臣也。不以爲臣者，罰之也。此無罪而王罰之也。且王辱不敢鬭者，必榮敢鬭者也。榮敢鬭者是，而王是之，必以爲臣矣。必以爲臣者，賞之也。彼無功而王賞之。王之所賞，吏之所誅也；上之所是，而法之所罪也。賞罰是非，相與四

**謬，雖十黃帝，不能理也。』齊王無以應焉。**

「相與四謬」，猶云「共爲四謬」，指上「賞罰是非」四者言也。俞蔭甫曰：「『榮敢鬭者是，而王是之』，當作『榮敢鬭者，是之也，無是而王是之』。『彼無功而王賞之』，當作『此無功而王賞之也』。如此則與上文相對矣。又上文『無非而王辱之』，當作『無非而王非之』，與此文『無是而王是之』相對。」按俞說甚確。又「上之所是」，「上」字，證以前後文，疑當爲「王」字，體近而訛。本篇由前「齊王之謂尹文曰」至此，述齊王與尹文事畢，下明正義。

「相與四謬」，「四」，孔叢子公孫龍篇，譌作「曲」。

**故龍以子之言有似齊王。子知難白馬之非馬，不知所以難之說，以此，猶知好士之名，而不知察士之類。」**

「以此」之「以」字，似衍。段尾疑有佚文。齊王所好者勇士，乃士類中之一格，不能以勇士而概全體，謂好勇士即爲好士。在名詞之性質上，士屬周延，勇士爲不周延。齊王漫爲一類，同名并舉，宜其詞之不中效也。此段論士與勇士，命題與「白馬」式同。孔穿難白馬非馬，是以白馬爲馬也。與齊王之以勇士爲士，其失相若，故云「有似齊王」。合前段之「人」與「楚人」，皆墨經所謂「比辭俱行」者也，茲統前後三義，爲式如下，以明其旨：

（甲）

人（周延）：楚人（不周延）::馬（周延）：白馬（不周延）

（乙）

士（周延）：勇士（不周延）∷馬（周延）：白馬（不周延）

上述論旨，其主要繹理方法即在明類。馬與白馬、人與楚人、士與勇士，其不同之點即在周延與不周延，詞類相異也。末云「察士之類」，論旨自明。參看敍録。謝希深曰：「察士之善惡類能而任之。」俞蔭甫曰：「齊王執勇以求士，止可以得勇士，而不可得忠孝信順之士。孔穿執白馬以求馬，止可得白馬，而不可以得黃黑之馬。故以爲有似。」二説均失之。

# 公孫龍子懸解二

## 白馬論第二

跡府篇公孫自云：「龍之所以爲名者，乃以白馬之論耳。」又嘗持以度關及與孔穿騶衍諸人論辯，足知本論爲公孫學説最重要部分。通篇以「白馬非馬」命題，初視之似涉奇詭，然理殊易明。吾前已云：「馬爲周延，白馬爲不周延，兩辭之範圍不同。」兹再申演其旨：周延者，名辭包含所言事物〔一〕之全體者也。如本論所稱之馬，能包括一切馬類之外延全體，故爲周延。白馬爲馬之色白者，在衆馬之中衹佔一類。除是而外，尚有其他各類之馬，白馬莫能容焉，故爲不周延。辭類既各相別，即不能以異類之物而均等視之，白馬之非馬明矣。又邏輯學中有所謂關門捉賊法者，今以其式演如下圖：以馬爲大圜，白馬爲小圜，即見以大容小，證白馬在馬之中，莫能自外；而馬捨容白馬外，尚有餘地以容他物。其範圍大小之不同，已可概見。再變如下圖：以白馬自身爲一圜，

〔一〕「物」字，原作「務」，據文義改。

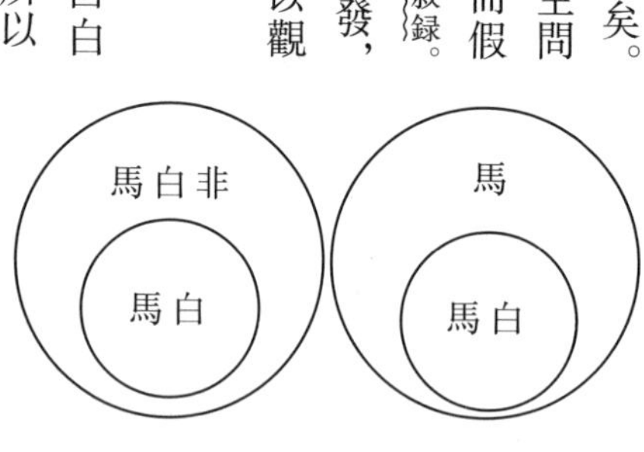

其圜外爲一大圜，即前圖之所謂馬者。今既與白馬相界，當然爲非白馬矣。此非白馬者既爲馬，故曰白馬非馬。如斯證之，初非難解。篇中設爲賓主問答之辭與通變、堅白二篇義法略同。此蓋肇之公、穀，章學誠所謂從質而假者也。參看文史通義匡謬篇。又當本論問世之時，各宗大師每起非難。參看敘録。莊子齊物論曰「以馬喻馬之非馬，不若以非馬喻馬之非馬也」，即對此而發，其言尤辯。近人章太炎以唯識之恉釋之，多所發明。玆録於後，學者比以觀之，可知本論當時所發生之影響焉。

按：本篇亦與墨經論旨未能盡合。參看敍録。附章太炎齊物論釋一節：

白馬論云：「馬者所以命形也，白者所以命色也；命色者非命形也，故曰白馬非馬。」莊生則云：「以馬喻白馬之非馬，不若以非馬喻白馬之非馬。」所以者何？馬非所以命形。形者何邪？惟是勾股曲直諸綫種種相狀，視覺所得，其界止此。初非於此形色之外，别有馬覺意想分别，方名爲馬。馬爲計生之增語，而非擬形之法言。專取現量，真馬與石形如馬者等無差别。而云馬以命形，此何所據？然則命馬爲馬，亦且越出現量以外，則白馬與馬之争絶矣，此皆所謂「莫若以明」也。……假令云：「馬者所以命有情，白者所以命顯色；命顯色者非命有情，故曰白馬非馬。」莊生其奚以破之邪？應之曰：此亦易破。鋸解馬體，後施研擣，猶故是有情否？此有情馬本是地水火風種種微塵集合，云何可説爲有情？若云地水火風亦是有情者；諸有情數合爲一有情數，雖説爲馬，惟是假名，此則馬亦非馬也。

「白馬非馬」，可乎？

曰：可。

曰：何哉？

曰：馬者所以命形也，白者所以命色也；命色者非命形也，故曰「白馬非馬」。

廣雅釋詁：「命，名也。」「命形」「命色」二句，跡府篇「命」均作名。此節以形色二端辯白馬非馬。言馬之一辭，所以名其形；白之一辭，所以名其色；彼形此色，類别不同，故曰：「白馬非馬。」

曰：有白馬不可謂無馬也。不可謂無馬者，非馬也。有白馬，爲有白馬之非馬，何也？

此賓難之辭。言白馬亦屬馬類，有白馬，不能以其白也而謂之無馬。然此不能謂爲無馬之白馬，即前所謂非馬者也。夫既明有白馬矣，其所有之白馬，乃爲非馬類之白馬，抑又何故？俞蔭甫曰：「『非馬也』，當作『非馬邪』，古『也』『邪』通用。言有白馬，不可謂無馬，既不可謂無馬，豈非馬邪？」意與謝釋相同，亦可通。

「爲有白馬之非馬」，「白馬」，道藏本及陳本均作「馬白」。

曰：求馬，黄黑馬皆可致。求白馬，黄黑馬不可致。使白馬乃馬也，是所求一也；所求一者，白者不異馬也。所求不異，如黄黑馬有可有不可，何也？可與不可，其相非明。故黄黑馬一也，而可以應有馬，而不可以應有白馬；是白馬之非馬，審矣。

馬爲共名，羣色之馬含焉。求共名之馬，不計馬色，黄黑諸馬皆可入選。白馬爲别名，單指馬之色白者而言。求白馬，非合所求之色，衹以黄黑諸馬應之，無當也。果如賓言，以白馬爲馬，是求白馬，即是求馬，所求一也。其所以爲一者，以前云白馬無異於馬故也。由是而推，黄黑諸馬皆可以不異之故，於焉求馬，於焉求白馬。無如有可有不可，何也？黄黑諸馬雖同屬馬類，然與白馬有别；可以應有馬，不可應有白馬，其間相非之際，昭然甚明。而白馬與馬，因其能應不能應之故，亦可證其相非矣。「而可以應有馬」句，「而」字疑衍文。

曰：以馬之有色爲非馬，天下非有無色之馬也。天下無馬，可乎？

白者所以命色，既云「白馬非馬」，是以馬之有色者爲非馬矣。天下無無色之馬，遂謂天下無馬可乎？此段賓再詰難。

曰：馬固有色，故有白馬。使馬無色，如有馬而已耳，安取白馬？故白者非馬也。白馬者，馬與白也。馬與白馬也，故曰：「白馬非馬也。」

「固」，疑爲因；「如」，當爲知，字體相近，傳寫譌奪。謝希深訓「如」爲而，失之。此主答賓難。上段理順易解。「白馬者，馬與白也。」按白者所以命色，馬者所以命形，所謂白馬，兼指色形而言；一爲白，一爲馬，合二成辭；與單純命形之馬，其搆成之質量不同；故白馬非馬也。俞蔭甫曰：「『白馬者，馬與白也，馬與白馬也。』此兩句中各包一句：其曰馬與白也，則亦可曰白與馬也；其曰馬與白馬也，則亦可曰白馬與馬也。總之，離白與馬言之也。」照俞説推釋，詞旨重複，絶無意義。其「馬與白馬也」一句，上下當有訛誤，或爲錯簡。但就前句釋之，尚未失其旨趣也。

「馬固有色」，原文鄙注：疑「固」爲「因」。丁鼎丞先生曰：「確是『固』字。」細繹原句語意，其説甚正，應從補正。

「如有馬而已耳」，道藏及守山閣本作「有馬如已耳」。陳本作「則有馬如已耳」。案：本書謝希深注：「如，而也。」繹其詞意，謝所據本當如道藏各本，作「有馬如已耳」。若如本文，則謝註義不可通。此當依道藏及守山閣本訂正。原文鄙注：疑「如」爲「知」，誤也。

**曰：馬未與白爲馬，白未與馬爲白。合馬與白〔一〕，復名白馬。是相與以不相與爲名，未可。故曰：「白馬非馬未可。」**

賓又述主意難之。俞蔭甫曰：「『未可』，猶言不可。『復名』，謂兼名也。荀子正名篇：『單足以喻則單，單不足以喻則兼。』楊倞註曰：『單，物之單名也。兼，復名也。』『復名白馬』，正所謂『單不足以喻則兼』也。合馬與白，則單言之曰馬，不足以盡之，故兼名之曰白馬，是謂『復名白馬』，猶今言雙名矣。」按俞説甚審。此言馬初不與白爲馬，白初不與馬爲白；馬自馬，白自白，其名爲二，各不相與。今竟以此不相與之名物而相與之，兼名白馬，於名未安。且白之與馬既不相與，去

〔一〕「合馬與白」，繹史作「合白與馬」。

白馬之白，亦馬焉耳，安得謂白馬非馬？

曰：以有白馬爲有馬，謂有白馬爲有黄馬，可乎？

曰：未可。

曰：以有馬爲異有黄馬，是異黄馬於馬也。異黄馬於馬，是以黄馬爲非馬。以黄馬爲非馬，而以白馬爲有馬——此飛者入池，而棺槨異處——此天下之悖言亂辭也。

此段以黄馬非馬證白馬非馬，迭爲賓主問答之辭。中間「以有馬爲異有黄馬」句，其「有馬」二字，遥指上文「以有白馬爲有馬」之有馬而言，取辭甚巧。意謂既以有白馬爲有馬，復以有黄馬異於有白馬，是以有黄馬爲異於有馬也，亦即異黄馬於馬也。異黄馬於馬，故以黄馬爲非馬；其於同含色性之白馬亦當認爲非馬，於理方順。今則於色之黄者目爲非馬，於色之白者反目爲有馬，是背乎常道矣。猶飛者本應上翔而乃下潛入池，棺槨本應相依而乃異地分處，所謂誖言亂辭者也。按「飛者入池」、「棺槨異處」二句，取其與道相反之意。謝釋多鑿，不可從。又「此飛者入池，……此天下之悖言亂辭也」，連用〔二〕「此」字，係古人語詞疊用之例，似複而實非複。參看俞蔭甫古書疑義舉例四卷。

「以有白馬爲有馬」，下一「有」字，陳本作「非」。註云：「非當作有，字之誤也。」按：

〔二〕「用」字，原誤「同」，據文義改。

道藏及守山閣諸本均作「有」。

曰：有白馬不可謂無馬者，離白之謂也。是離者，有白馬不可謂有馬也。故所以爲有馬者，獨以馬爲有馬耳，非以白馬爲有馬。故其爲有馬也，不可以謂「馬馬」也。

俞蔭甫曰：「『不可謂有馬也』句，『有馬』當作『無馬』，涉下文三言有馬而誤耳。此即承上『不可謂無馬』而言，亦難者之辭。」本段意言：前以有白馬爲有馬者，是離開白色，就馬論馬。白馬既屬馬類，當以馬類而認爲有馬。是所離者，爲有白色之馬；其白雖離，其馬宛在，不可謂無馬也。前言有馬，係以馬爲有馬，非以白爲有馬。其所以如此者，若以馬爲有馬，又以白爲有馬，合言白馬，是二有馬相加，爲馬馬矣；於理未順，故須離白證之。謝希深曰：「馬形馬色，堅相連屬，便是二馬共體，不可謂之馬馬，故連稱白馬。」俞蔭甫曰：「此論馬不馬，不論白不白。若必以白者爲非馬，則白者何物乎？白即附於馬，不可分別。故見白馬，止可謂之有馬而已。不然，白馬一馬，馬又一馬，一馬而二之，是馬馬矣。」按：謝俞二說，義旨相近，録備別證。又此段與下段，文中連用「故」字，亦前語詞疊用法。鬼谷子揣摩各篇及禮記、墨子，此「故」字疊用之例甚多。

「是離者，有白馬不可謂有馬也」，「是」，道藏及守山閣本、陳本均作「不」。陳註：「客言離白則有白馬，不可謂無馬矣。離白既可謂有馬，則不離豈不可謂有馬邪？」「也」讀爲「邪」。

案：前云有白馬不可謂無馬者，乃離白而言之。白馬爲物，兩不可離。既以有馬，爲不可謂無馬；而與白不可分離之白馬，寧不能謂爲有馬耶？如此釋之，似較陳說稍進，而「不離」

二字，義亦可通。

曰：白者不定所白，忘之而可也。白馬者，言白定所白也。定所白者，非白也。馬者，無去取于色，故黄黑皆所以應。白馬者，有去取於色，黄黑馬皆所以色去，故唯白馬獨可以應耳。無去者，非有去也，故曰「白馬非馬」。

此主答賓難，以色之去取辨白馬非馬。言白不能定其所白之物，即可置諸勿論。既言白馬，是明明以白定馬；今離色言馬，則所以定馬者非白也，理不可通。馬之爲詞，義本朴素，於色無所去取，以黄馬應可也，以黑馬應可也。惟言白馬，是標馬以白，非白馬不能應之，黄黑諸馬皆以色之不合而去焉。故馬之於色爲無去，白馬於色爲有去；無去者非有去，白馬非馬明矣。「定所白者非白也」句，文義上下不完，似有漏誤。又「故黄黑皆所以應」，證以下文「黄黑馬皆所以色去」，「黄黑」下疑有「馬」字。

# 公孫龍子懸解三

## 指物論第三

謝希深曰：「相指者，相是非也。」通篇以此釋文，去題萬里。胡適之以「指」作物體之表德解，如形色等等。見所著惠施公孫龍之哲學及中國哲學史大綱第八篇第五章。核於全篇語意，亦多未合。章太炎釋「指」爲識，釋「物」爲境，見所著齊物論釋。摭引相宗之義，比附其旨，反更幽眇。竊意疏解古籍，適如其原分而止。深者固不能淺嘗，淺者亦不必深繹，求能忠實而已。今按「指」字，當作常義之「指定」解，即指而謂之；如某也山，某也水，其被指之山水，標題所謂「物」者是也。執此以繩，全篇耆解。墨子經下：「有指於二，而不可逃。」經說：「指，謂。」據梁任公校釋本。言指者謂也，與此可通。又莊子天下篇引惠施與辯者非難之説，謂「指不至，至不絶」。參看敍録。其「指」字，亦指而謂之之意。以指者，心理及行爲上之事，其質爲虚。如指謂某物，不能逼入物之本體而得其真，但以言語或動作代表之而已，故曰：「指不至。」即使指而能至，如以手指物，逼及其體矣。而所以造成此體者，其真微之處終不能絶。絶者，斷也。言即究竟指之，層層間隔，終無斷絶完了之時也。就上數説，諸大師各就「指」字定義特下解釋，必在當時曾爲論壇上之辯難問題。莊子齊物論篇曰：「以指喻指之非指，不若以非指喻指之非指也。」細繹其義，即爲本論所生之反動，參看敍録。確無可疑者。惜簡編殘缺，未能詳得當時論難之盛，爲可悕耳。

**物莫非指，而指非指。天下無指，物無可以謂物。非指者天下，而物可謂指乎？**

一切事務，胥由指定而來，指此物謂樹，則樹矣；指彼物爲石，則石矣。在樹石自身，雖不待人指定始有樹石，然若無人，又安知有樹石？樹石而不經人指定，又安得爲樹石？故曰：「物莫非指。」但此項指定，係屬「物」之一種抽象，非彼指者真體；故曰：「指非指。」天下之物，若不經人指定，則所謂物者幾無可以爲物；樹初不樹，亦青青者耳；石亦不石，衹巉然者耳。然既不能以指而體真，即不能以指而當物；故「非指」之義實遍天下之物。質言之，凡指定某物，即心目中之某物托諸言辭，出諸形容，以名某物，以相某物，豈可以此言語形容者爲某物之真乎？故曰：「而物可謂指乎？」次句上一「指」字爲指物者，下一「指」字爲被指者。春秋公羊傳「伐者爲客，伐者爲主」，上伐者指伐人者，下伐者指被伐者，與此義法正同。俞蔭甫曰：「『天下而物』，當作『天下無物』，字之誤也。言我所謂非指者，天地之初，有牛而無牛之名，則是無牛也；有馬而無馬之名，則是無馬也。俄而指之曰：此牛也；俄而指之曰：此馬也。天下本無此物，而我强爲此名，是强物以從我之指也，其可謂乎？其不可謂乎？」按：俞説非審。「天下」二字當連上讀爲「非指者天下」，與堅白篇「離也者天下」同一句法，意言「非指者」天下之物所共，「離也者」亦天下之堅白所共也，并無誤字。若如俞說，即使本篇改而能解，堅白篇又是何字之誤耶？

**指也者，天下之所無也；物也者，天下之所有也。以天下之所有爲天下之所無，未可。**

此申明上文不能以指當物之義。言指也者，言語形容之事，無實可捉，故爲天下所無。物也者，有體積色相可尋，故爲天下所有。若以指當物，是以天下之所有爲天下之所無，於義未通。

**天下無指，而物不可謂指也；不可謂指者，非指也；非指者，物莫非指也。**

此再回申前旨。以天下之所以無指者，因指由物生；物既不可謂指，則指成虛空，曷得有指？而物之所以不可謂指者，實由指自爲指，物自爲物，物實非指，寧能等觀？然此非指之物，從真理詮之，固如上義；從方便言之，則天下之物皆由指定而生，又曷莫非指耶？

**天下無指而物不可謂指者，非有非指也。非有非指者，物莫非指也。物莫非指者而指非指也。**

物由指生，雖不可謂物即指，但未有不由指定能自成名之物，故曰：「非有非指。」餘義詳前。俞蔭甫曰：「有非即有是，使有指之而非者，即有指之而是者也。今天下之物，任人之所指而不辭，牛則牛矣，馬則馬矣，是非有非指也。非有非指，安有是指？」按：俞說別爲新詮，可備參攷。末句「而指非指也」，上下文義不完，疑有譌奪。

**天下無指者，生於物之各有名，不爲指也。不爲指而謂之指，是兼不爲指。以「有不爲指」**

**之「無不爲指」，未可。**

物各有名，名麗於實，其彙繁多，皆有所以成此物者之存在，非空洞之所謂「指」者可比，故曰：「物各有名，不爲指也。」盈天下者皆物，物既非指，而天下無指矣，故曰：「天下無指。」惟由前説，物既不爲指，而又以物由指定而來而謂之指，是以指而兼不爲指矣。同一物也，一方爲有不爲指，一方爲無不爲指，於理未可；反證不能以指當物之義。末句「有不爲指者」，物各有名不爲指也。「無不爲指者」，物莫非指也。俞蔭甫曰：「『是兼不爲指』，『兼』乃『無』字之誤。天下之物本不爲指，而人謂之指，是無不爲指矣。下文云：『以有不爲指。之無不爲指，未可。』『有不爲指』即承此『不爲指』而言，『無不爲指』即承此『無不爲指』而言。謂以有不爲指之物，變而之於無不爲指，是不可也。『無』與『兼』相似而誤。上文云：『指也者，天下之所無也。』下文云：『且指者，天下之所兼。』『兼』亦『無』字之誤。」按：俞説非是。本書屢用『兼』義。堅白篇云：「物白焉，不定其所白，物堅焉，不定其所堅；不定者兼。」又曰：「堅未與石爲堅，而兼未與物爲據俞説校改。堅。」其旨相同。即如常義兼併合一之謂。計本段言「兼」，所兼者爲「指」與「不爲指」。彼篇言「兼」，前爲兩項「不定」，後爲「未爲石爲堅」及「未與物爲堅」。兩相參證，字訓自明，并無訛字，不須改也。末句「以有不爲指，之無不爲指」，「之」字，謝釋「適也」，俞説略同。按此應作與解，義詳經傳釋詞。意猶同也。言有不爲指與無不爲指相合，未可。回應上文「兼」字之意。

**且指者天下之所兼。天下無指者，物不可謂無指也。不可謂無指者，非有非指也。非有**

**非指者，物莫非指，指非非指也，指與物非指也。**

本段「兼」字，俞蔭甫亦校爲「無」字之誤，俱詳上文。物物既由指定而生，即物物各兼一指，物盡天下，而指爲天下所兼矣。中段與前文意複。「指非非指者」，以既對於物而有所指定，即不能以指爲非而否認之。言「指非非指」，猶云指即是指也。但以此指與物相印，則所指之物實非此指，故曰：「指與物非指。」

**使天下無物，誰徑謂非指？天下無物，誰徑謂指？天下有指無物指，誰徑謂非指？徑謂無物非指？**

此言指由物生，使天下無物可指，安有指與非指之稱？若有指而無物可指，則指之作用失所憑借，又安有「非指」與「無物非指」之號？可知指之屬性與物爲相對的，非絶對的。

**且夫指固自爲非指，奚待於物而乃與爲指？**

「奚」，周禮天官序官「奚三百」，註：「古者從坐男女，没入縣官爲奴，其少才知以爲奚。」又春官序官「奚四人」，注：「女奴也，以奚爲之。」此言「奚」者，取隷屬之意。以必隷屬有待於物，而後生指，於無物之初，指本無著，固爲非指也。大抵指之於物，猶響之應聲，聲絶響斷，物亡指失，響之奚待於聲，猶指之奚待於物也。推演至此，已幾乎玄矣。雖然，未盡也。知指之有待於物，悟指爲虛；不知物之有待於識，即物亦假。展轉探頤，深玅離言，假謂現識，似彼相現。丁大法之末東，未脱離三界，惜哉！

使天下無物，「物」下，道藏本及守山閣本、陳本均有「指」字。　案：陳蘭甫釋註此篇，爲主客問辯之義，詞旨益覺瞭然。茲録原文於後，以資參證。陳氏所釋指義，頗與鄙説不同，仍未敢苟同。原稿註凡二篇，字句微異。蓋當時兩存之，而未寫定。汪兆鏞君斠刻此書，即用改本。并仿歐陽文忠公集例，將初本并録於後，今仍之。

附陳註指物論〔一〕：

物莫非指，而指非指。人以手指指物，物皆是指，而手指非指。此主之言也。天下無指，物無可以謂物。非指者天下，而物可謂指乎？客言使天下無可指之物，則無可以謂之物者矣。今既云物莫非指，則天下有物矣。既謂物，豈又可謂之指乎？「非指者」上當脱莫字。一作：主所謂「指非指」者何也？在天下者物也。豈可謂之指而反以指爲非指乎？指也者，天下之所無也；物也者，天下之所有也。以天下之所有，爲天下之所無，未可。此亦客之言也。天下無指，而物不可謂指也；不可謂指者，非指也？主言：客以爲天下無指，而物不可謂之指。然既云此物不可謂指，即已指其物而言之矣。此豈非指邪？「非指也」之「也」，讀爲邪。非指者，物莫非指也。然則就如客之説，以物爲非指，愈足以見物莫非指也。一作：然則我所謂指非指者，正以物莫非指，故指非指也。天下無指，而物不可謂指者，非有非指也。非有非指者，物莫非指也。物莫非指者，而指非指也。又言：客以爲天下無指，而物不可謂之指。然天下亦非有物，名爲非指者也。既非有

〔一〕「附陳註」等六字，原在王琯案語之前，今移其後。

物，名爲非指者，愈足以見物莫非指矣。物莫非指，則指非指矣。一本：以上主之言也。天下無指者，生於物之各有名，不爲指也。不爲指而謂之指，是兼不爲指。以有不爲指，之無不爲指，未可。客言：吾謂天下無指者，其説由於天下之物各有其名，而不名爲指也。不名爲指而乃謂之指，則有指之名，又有其本名，則一物兼二名矣。夫物各有本名，不名爲指而以爲無不爲指，未可也。且指者，天下之所兼。天下無指者，物不可謂無指也。不可謂無指者，非有非指也。非有非指者，物莫非指。主言指之名本衆物之所兼也。如客所言，謂天下無指則可，若謂物無指則不可。其所以不可者，以天下非有物名爲非指者也。既無名爲非指者，則物莫非指矣。指非非指也，指與物非指也。指本是指，非非指也。然以指指於物，則指屬於物，而指非指矣。一本「與」當作於。使天下無物指，誰徑謂非指？天下無物，誰徑謂指？天下有指無物指，誰徑謂非指？徑謂無物非指？設使天下無物可指，則指不屬於物，誰謂指非指乎？然使天下無物，則指無可指，何以謂指爲指乎？使天下雖有指而無物可指，則指不屬於物，誰謂指非指乎？誰謂物莫非指，而無物非指者乎？且夫指固自爲非指，奚待於物，而乃與爲指？又言指本可不名爲指也。所以名爲指者，因其能指物也。是必待有物可指，而乃與之名爲指矣。然何必待有物可指而與之名爲指哉？言不若即其無可指之時，而不與之名爲指也；是則指非指也。一作「又言指固自爲非指；所以名爲指者，待有物可指而名之爲指也」。然何必待有物可指而始名之爲指哉？其意以爲不如任其無物可指，而不名爲指之爲得也。

# 公孫龍子懸解四

## 通變論第四

本篇擣究變化之誼，而明其所通，故名「通變」。原文譌奪過甚，胡適謂已經後人竄改，須與墨子經下、經説下參看。見所著中國哲學史大綱及惠施公孫龍之哲學。按篇中辭句暨所用字訓，固與墨經多相吻合；參看敍録。但造論主旨則大相背反。兹分别説明於下：

(甲)本篇主旨在開首之「二無一」一義。以下分引多證：先以左右爲二，明其無一。次以羊牛爲二，明其非馬，即無一也。再次以牛羊爲二，明其非雞，亦即無一也。又次以青白爲二，非黄；白青爲二，非碧；均同上義。通篇抱定此旨，遞次釋之，眉目顯然。其所用推證之原則有二：

(一)變非變　此在原文，爲「變非不變可乎？曰可」。從俞蔭甫説，改爲「變非變可乎？曰可」。參看本文。言一切事物雖變而不變。二不變，故無一，牛羊不變，故非馬，青白不變，故非黄；其他「非雞」「非碧」諸義，以是釋之，奏刀砉然。然變何以不變？公孫曾引左右變隻之義證之。今按物質不滅定律：一物體之消滅，僅變换形式，其原質仍在。若炭質焚化，可謂變矣。然焚化之後，仍與空氣中之氧素化合，成爲炭酸氣體。此炭酸氣體之原有炭質數量依然如故，不加增減，是雖變而不變也。故物體之變者在其形式，而不變者在其原質。公孫之「變非變」一詞，第一「變」字作指形式而言，第二「變」字作指原質而言。求諸物理，初無難義。證以本篇之「二無一」：有水乳於此，初爲二物，舉而相投，由形式觀之，似一體矣，亦可謂變矣。然就此混合之體析分原質，則水自水，乳自乳，仍復爲二，非能純粹合一，亦並非真變。故「二無一」一義，必以「變非變」之原則證之，乃能徹底也。

（二）明類　「類」之意義，墨經曰：「同：重，體，合，類。」「異：二，不體，不合，不類。」據畢秋帆説校改。言類者同也，不類者異也。墨經之求同求異，尚有重、體、合各項。公孫本篇則專重於「類」。如「羊合牛，非馬」；「牛合羊，非雞」；「青以白，非黄」；「白以青，非碧」，皆以不類求異。更以其異，而證二與一異。進以二與一異，以明二無一之旨。與前項之「變不變」，同爲本篇論旨之幹脈，並行不悖。墨子大取篇云：「夫言以類行者也，立言而不明於其類，則必困矣。」殆此項「類」之觀念，在名墨兩宗皆特爲注重。而於辯論析理之術，尤爲最要法門也。　按：莊子齊物論曰：「今且有言於此，不知其與是類乎，其與是不類乎。類與不類，相與爲類，則與彼無以異矣。」是以類與不類，全無差别。其名家之主張，非明類無以辨是非。此則以類無可明，是非莫辨。蓋兩宗之學派精神根本不同，此尤其反動之表現者也（參看敍録）。

（乙）由上説，本篇之論旨即爲「二無一」矣。反之墨經則云：「體：分於兼也。」經説：「體：若二之一，尺之端也。」「兼」指總體，「體」指部份，二者一之兼，一者二之體。若尺然：其兩端體也，合兩端而爲尺，則兼也。　按：「尺」字，梁任公釋當幾何學之線，「端」當其點，似爲未審。

「端」，應作尺之首端解。經上：「端：體之無厚，而最前者也。」物之首端，方有最前之可言，點不必最前也。又經說：「端：是無間也。」經上解有間曰：「有間中也。」既以有間爲中，若將端作點，中亦有點，是端亦有間矣。今明言端爲無間，苟非指物之首端，何爲無間乎？是如墨經立論：以「兼」爲二，「體」爲一，又以體分於兼，則二有一矣。與公孫之説適成反對。右上甲乙二端，係指其造論主旨不同之處。至篇中所用辭句字訓，即或與墨偶合，此另關於名墨兩宗之淵源，與前項不同，義更有間，可參看敍録。

曰：二有一乎？

曰：二無一。

任何二物，無真純合一之結果，故曰：「二無一。」義詳前文。或以「二」爲兩一之復名，二之中何嘗無一？但此「一」字，公孫本意係指兩物合一之「一」而言。如下文「羊合牛非馬」、「青以白非黄」諸義可證，非如或言。

曰：二有右乎？

曰：二無右。

曰：二有左乎？

曰：二無左。

「二」爲雙數。譬如二物：此一物之右，非彼一物之右；彼一物之左，非此一物之左。分言之，二物各有左右；合言之，左右無可定；故曰：二無左右。

曰：右可謂二乎？

曰：不可。

曰：左可謂二乎？

曰：不可。

曰：左與右可謂二乎？

曰：可。

二既無右，則右不可謂二。二又無左，左亦不可謂二。合左與右，叠單成雙，謂之爲二，方當其分。

曰：謂變非不變，可乎？

俞蔭甫曰：「既謂之變，則非不變可知，此又何足問耶？疑『不』字衍文也。本作『謂變非變可乎？曰：可』。下文『羊合牛非馬』、『牛合羊非雞』、『青以白非黄』、『白以青非碧』，皆申明『變非變』之義。」　按：俞説甚審，應從校改。

曰：可。

「曰：謂變非不變，可乎」，道藏本及守山閣、三槐堂諸本均有「謂」字，陳本無。　案：以有「謂」字爲是。

曰：右有與，可謂變乎？

曰：可。

曰：變隻。

曰：右。

曰：右苟變，安可謂右？苟不變，安可謂變？

此段意謂：以線爲譬，從甲至乙，爲原有之線。甲左乙右，地位早右。乙至丙，爲新添之線。并接一條。（即本篇所謂「右有與」而「變隻」）再從全線觀之，甲仍爲左。乙丙一段，雖經變合，其位置在全線右端，與他物相合，體量雖變，而地位不變，仍當謂之爲右，仍爲右也。「右有與」謂物之右端，與他物相合。「隻」者單也，謂變而爲一也。俞蔭甫曰：「『變隻』無義，『隻』疑奚字之誤。『變奚』者，問辭也，猶言當變何物也。問者之意，以爲右而變，則當爲左矣；乃仍答之曰：『右。』此可證明上文『變非變』之義。」按：「隻」字，爲「右有與」所變之量，必變而仍合爲一，方定爲左。「隻」者，一也；若無此量爲準，而任變爲他項方式，或不成其爲右矣。但俞說改「隻」爲「奚」，繩與上下文氣亦極湊合。未敢確定，兩存之。後文更爲反詰之辭曰：「右苟變，安可謂右？苟不變，安可謂變？」其下疑有答詞，文闕。「曰：可。曰：變隻。曰：右。曰：右苟變，安可謂右？苟不變，安可謂變」，丁鼎丞先生曰：「『可』下『曰』字，衍文。『變隻曰右』之『曰』，作名字解。『苟不變』上，遺『曰』字。下文『不害其方，左右不驪』，即申明『苟不變，安可謂變』之意。」其説最爲精審，應從之。

曰：二苟無左，又無右，二者左與右奈何？

此段接前文「二有右乎？曰：二無右。二有左乎？曰：二無左」。語意爲反詰之辭。下文闡明牛羊馬變化之事曰：「若左右猶是舉。」即所以遥應本文，同證「二無一」之旨。

「曰：二苟無左」，道藏及守山、三槐諸本均有「苟」字，陳本無。案：以道藏諸本爲長。

羊合牛非馬，牛合羊非雞。

曰：何哉？

此二節，一釋「羊合牛非馬」，一釋「牛合羊非雞」。

曰：羊與牛唯異，羊有齒，牛無齒；而牛之非羊也、羊之非牛也，未可。是不俱有，而或類焉。羊有角，牛有角；牛之而羊也、羊之而牛也，未可。是俱有而類之不同也。羊牛有角，馬無角；馬有尾，羊牛無尾。故曰：「羊合牛非馬也。」

「唯」，通雖，見跡府。「而牛之非羊也，羊之非牛也」，一本作「而羊牛之非羊也，之非牛也」。子彙本及錢熙祚本，并作「而羊之非羊也，牛之非牛也」。孫詒讓校如本文。參看札迻卷六。此段釋「羊合牛非馬」。以「羊與牛雖異」，但以羊之有齒、牛之無齒爲羊牛相左之徵，則不可。因齒不俱有，而類或同焉。更以羊之有角、牛之有角爲羊牛相同之徵，亦不可。因角雖俱有，而類或不同曰：右有與，可謂變乎？

曰：可。

曰：變隻。

曰：右。

曰：右苟變，安可謂右？苟不變，安可謂變？

此段意言設一物右端，與他物相合，體量雖變，而地位不變，仍當謂之爲右。如下圖説：以線爲譬，從甲至乙，爲原有之線。甲左乙右，地位早定。從乙至丙，爲新添之線。并接一條。（即本篇所謂「右有與」而「變隻」者。）再從全線觀之，甲仍爲左；乙丙一段，雖經變合，其位置在全線上，仍爲右也。「右有與」謂物之右端，與他物相合。「隻」者單也，謂變而爲一也。俞蔭甫曰：「『變隻』無義，『隻』疑奚字之誤。『變奚』者，問辭也，猶言當變何物也。問者之意，以爲右而變，則當爲左矣；乃仍答之曰：『右。』此可證明上文『變非變』之義。」按：「隻」字，爲「右有與」所變之量，必變而仍合爲一，方定爲左。「隻」者，一也；若無此量爲準，而任變爲他項方式，或不成其爲右矣。但俞説改「隻」爲「奚」，繩與上下文氣亦極湊合。未敢確定，兩存之。後文更爲反詰之辭曰：「右苟變，安可謂右？苟不變，安可謂變？」其下疑有答詞，文闕。

（甲）（左）　（乙）（右）　（丙）　（右）

「曰：可。曰：變隻。曰：右。曰：右苟變，安可謂右？苟不變，安可謂變」，丁鼎丞先生

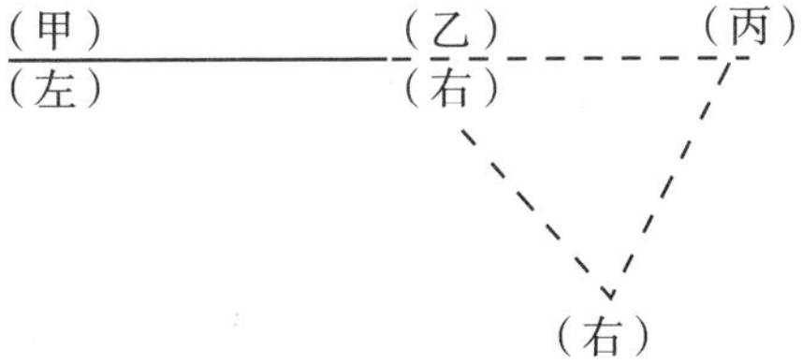

曰：「『可』下『曰』字，衍文。『變隻曰右』之『曰』，作名字解。『苟不變』上，遺『曰』字。下文『不害其方，左右不驪』，即申明『苟不變，安可謂變』之意。」其説最爲精審，應從之。

曰：二苟無左，又無右，二者左與右奈何？

此段接前文「二有右乎？曰：二無右。二有左乎？曰：二無左」。語意爲反詰之辭。下文闡明牛羊馬變化之事曰：「若左右猶是舉。」即所以遥應本文，同證「二無一」之旨。

「曰：二苟無左」，道藏及守山、三槐諸本均有「苟」字，陳本無。案：以道藏諸本爲長。

羊合牛非馬，牛合羊非雞。

曰：何哉？

後文二節，一釋「羊合牛非馬」，一釋「牛合羊非雞」。

曰：羊與牛唯異，羊有齒，牛無齒；而牛之非羊也、羊之非牛也，未可。是不俱有，而或類焉。羊有角，牛有角；牛之而羊也、羊之而牛也，未可。是俱有而類之不同也。羊牛有角，馬無角；馬有尾，羊牛無尾。故曰：「羊合牛非馬也。」

「唯」，通雖，見跡府篇。「而牛之非羊也，羊之非牛也」，一本作「而羊牛之非羊也，之非牛也」。子彙本及錢熙祚本，并作「而羊之非羊也，牛之非牛也」。孫詒讓校如本文。參看札迻卷六。此段釋「羊合牛非馬」。以「羊與牛雖異」，但以羊之有齒、牛之無齒爲羊牛相左之徵，則不可。因齒不俱有，而類或同焉。更以羊之有角、牛之有角爲羊牛相同之徵，亦不可。因角雖俱有，而類或不同焉。物各有類，即類求別。羊牛有角，馬無角；馬有尾，羊牛無尾。凡羊牛之所有者，馬或無之；馬之所有者，羊牛或無之。互有盈朒，於以別類，故曰：「羊合牛非馬。」　按：就原文含意，似作上解，細繹之，多與事實不符。如牛有齒而曰無齒，羊牛有尾而曰無尾，頗費索解。前後理論亦未能湊泊。「類之不同也」句下，似有佚文。段中詞句譌奪尚多，今俱不可考。墨子經説下有與此節詞句相類之一段，立言精闢，而觀察微有不同，録之以資參證〔一〕：

狂：牛與馬雖異，以牛有齒、馬有尾，説牛之非馬也，不可。是俱有，不偏有、偏無有。牛之與馬不類，用牛有角、馬無角，是類不同也。若舉牛有齒、馬有尾，以爲是類之不同也，是狂舉也，猶牛有齒、馬有尾。或不非牛而非牛也，可；則或非牛，或牛而牛也，可。故曰「牛馬非牛也」，未可；「牛馬，牛也」，未可。則或可或不可。而曰：「牛馬，牛也。」有可有不可。（上據梁任公校釋本。「雖」，原作「惟」，梁校爲「雖」。此二字通用，本篇亦作「惟」字，似可不改；姑仍梁校。）

「而牛之非羊也、羊之非牛也」，道藏本作「而羊牛之非羊，之非牛也」。嚴鐵橋校道藏本作「而羊之非羊也，牛之非牛也」。陳本與嚴校同。　案：道藏公孫龍子爲顛字三號，嚴校亦云從該號録出，而字句各異，容或所據本不同，俟再考正。又細繹全段文句，仍以原文爲長。

**非馬者，無馬也。無馬者，羊不二，牛不二，而羊牛二。是而羊而牛，非馬可也。若舉而以**

〔一〕「證」字下，原有「附墨子經説下一節」，據上下文義删。

**是，猶類之不同。若左右，猶是舉。**

「是而羊而牛」，「而」訓若，訓與，俱見經傳釋詞。此句上一「而」字應作若解，下一「而」字應作與解，爲古人上下文同字異義之例。參看俞蔭甫古書疑義舉例一卷。釋其詞爲「是若羊與牛」，猶前文「羊合牛」意也。本段意接上文，謂非馬之旨，非別有一馬，與羊牛並存，明此非彼；乃羊牛之合，結果無馬焉。羊一也，原不爲二；牛一也，亦不爲二；合羊與牛，乃爲二數。若因牛羊之合，別爲一馬，是以二作一矣。一二不同率，於實未符，於理未安，故曰「非馬」。「若舉而以是」，「舉」，墨經：「擬實也。」經説：「告以之名，舉彼實也。」從孫仲容説校改。「若」字疑衍，似涉下文「若左右」句而誤。此倒裝句法，如言「以是爲舉」。「猶類之不同」，「猶」與由通，墨經與本書屢見。此二句言上舉「羊合牛非馬」之誼，皆由屬類不同之故。末句「若左右猶是舉」，意以左右變化諸端，亦同此舉。因左右各爲一類，合計爲二，并此二類，不能得一。蓋任何物體相合之結果，其左右仍隨之俱在，始終爲二。左右既不能合，焉有合成之所謂「一」者之存在？（即前文「二無一」及「變非變」諸義。）亦如羊牛二者之合，不能爲一馬，類不同故也。墨子經説下：「牛不二，馬不二，而牛馬二；則牛不非牛，馬不非馬，而牛馬非牛非馬。無難。」與此段文義互有出入。

**牛羊有毛，鷄有羽。謂鷄足一，數足二；二而一，故三。謂牛羊足一，數足四；四而一，故五。羊牛足五，鷄足三，故曰：「牛合羊非鷄。」「非」，有以非鷄也。**

「而」訓與，已見前文。「二而三」，即二與三。「四而一」，即四與一。本段釋「牛合羊非鷄」。言牛羊有毛，鷄有羽；毛之與羽，體狀各異，其不同者一。鷄足三，牛羊足五，數率相懸，其不同者二。有二不同，故曰「羊合牛非鷄」。鷄足三者，謂鷄有足，此足名也。就而數之，則有足二，此足實也。名一實二，合而成三。牛羊足五，理同此舉。莊子天下篇稱辯者公孫龍之徒與惠施訾應，有「鷄足三」一條。司馬彪注云：「鷄兩足，所以行而動也。行由足發，動由神御，雞雖兩足，須神而行，故曰三足。」胡適是之，推言心神之説，以證「臧三耳」、「堅白」諸義。見所著惠施公孫龍之哲學及中國哲學史大綱第八篇第五章。按皆非也。梁任公評胡適之中國哲學史大綱一文，對胡氏所説已爲駁議，但無佐證。章行嚴以三段法證「雞三足」之義，爲「無雞一足，一雞較無雞多兩足，故一雞三足」。更爲説曰：「無雞一足者，謂未有雞而一足者也；非謂無雞爲一物，而是物一足也。」見所著名學他辨。按亦未審。「雞三足」一義，公孫當時即爲論主之一。此段自繹爲：「謂雞足一，數足二，二而一，故三。」其意皎然；曷爲捨此本人之正解，肊度爲心神諸説也。

按：吕覽載龍有「臧三足」之説，與本篇「雞三足」義同。參看事輯。末句「非有以非雞也」，前一「非」字指「牛合羊非雞」之「非」字而言，謂其所非者確有非雞之實故也。原文詞句不完，似有脱佚。

**與馬以雞，寧馬。材不材，其無以類，審矣。舉是謂亂名，是狂舉。**

「與」，猶謂也。大戴禮夏小正傳曰：「獺獸祭魚，其必與之獸，何也？」又曾子事父母篇曰：「不與小之自也。」「與」均作「謂」解，可證。謝希深曰：「馬以譬正，雞以喻亂，故等馬與雞，寧取於馬。以馬有國用之材，而雞不材，其爲非類審矣。故人君舉是不材，而與有材者並位以亂名實，謂之狂舉。」　按：下文「黄其馬也，其與類乎！碧其雞也，其與暴乎」，與此遥應。「狂舉」，亦見墨經。孫詒讓釋云：「舉之當者爲正，不當者爲狂。經説通例，凡是者曰正，曰當；非者曰狂，曰亂，曰悖。」章行嚴曰：「界説，墨經謂之舉。所界而當，謂之正舉。所界不當，謂之狂舉。」見所著章氏墨學，其説亦審。殆當時名墨之術語也。參看敍録。

「舉是謂亂名，是狂舉」，道藏本與此同。守山閣本及陳本作「舉是亂名，是謂狂舉」。丁鼎丞先生曰：「『狂』即誑字。禮記『幼子常示勿誑』，『誑』，僞也。僞言，猶俗云胡説。『狂舉』，即胡舉，謂其不問材不材，一例而舉也。」

**曰：他辯。**

**曰：青以白非黃，白以青非碧。**

**曰：何哉？**

**曰：青白不相與而相與，反對也。不相鄰而相鄰，不害其方也。不害其方者反而對，各當其所，若〔一〕左右不驪。**

章行嚴曰：「他者第三位之稱，意謂備第三物，以明前兩物相與之誼，即邏輯之middle terms也。」見所著名學他辨。按：本篇以「二無一」爲主旨，先以左右暨牛羊馬雞諸端證之，此而不足，另以他物爲辨，故曰「他辨」。其所指之「他」，即「青以白非黃，白以青非碧也」，章説甚精，但恐非公孫本意。

〔一〕「若」字，據發微本及研究本補。

「以」、「與」聲相通。儀〔一〕禮燕禮「君曰：以我安」，註：「猶與也。」言青與白相合，不能爲黃，白與青相合，不能爲碧。因青自青，白自白，色質各別，原不相與，不相與而相與之，適成反對，更不能併爲黃與碧也。但青白二色，以質求合，固無黃無碧，以位相鄰，則於方無害。如下圖：青右白左，各當一方，雖相接鄰，而畛域自封，固無所侵害也。

| 白（左） | 青（右） |
| --- | --- |

「鄰」與「與」，字訓有差。「鄰」者雙存，而地位相毗，「與」者合併，而體質羼雜。故青白二色可以相鄰，而不可相與，因相與則彼此反對，相鄰則於方無害也。章行嚴名學他辨謂「與」「鄰」二字同意，説似未諦，原文見後。末數語申明上文「於方無害」之旨。謂青白二色於相與之時雖屬反對，而於相鄰之時則各當其位。所以者何？二色相鄰，必有左右，左右不驪，其位當矣，當則於方無害。「驪」，謝希深註：「色之雜者也。」孫詒讓曰：「『驪』，並麗之借字，故下文云：『而且青驪乎白，而白不勝也。』謝以爲色之雜者，非是。篇内諸『驪』字，義並同。」按：孫説是也。「麗」，正韻「附也」。易離卦：「日月麗乎天，百穀草木麗乎地。」此言「不驪」，爲彼此不相附麗之意。若一附麗，便成「相與」，二色反對矣。下文「一於青不可，一於白不可」，即承此意而發。「一」之與「麗」，意本連貫，相一即相麗矣，故曰「不可」。

故一於青不可，一於白不可，惡乎其有黃矣哉？黃其正矣，是正舉也，其有君臣之於國

〔一〕「儀」字，據儀禮補。

**焉，故强壽矣。**

此段再釋「青以白非黃」，接上文言青白二色各當其位。合白而一之於青，其青不純，不可謂青。合青而一之於白，其白不純，不可謂白。二色既不能一，烏有第三者所謂「黃」之存在？殆黃之爲色，其質精純，非由他色和合而成，舉以擬實，故爲正舉。下文以碧非正舉，爲之解曰：「正舉者，名實無當，驪色彰焉。」是以碧因驪故，爲非正舉；可證此以黃爲正舉，乃由色之純也。末數語，謝希深曰：「白以喻君，青以喻臣，黃以喻國。」按本段以黃爲正舉。此言若以其義施諸君臣國家，則名正實舉，國家必强而壽。「壽」即國運久長之意，謝釋「君壽」，非也。「其有君臣之於國焉」，「其有」二字無解，疑涉上文「其有黃矣」而誤。究爲何字之訛，已不可考。又章行嚴名學他辨以「他」義釋上節及本節旨趣，已於前段略陳所疑；兹再節録原文於左，仍願讀者之自決焉〔一〕：

公孫龍他辨，又有青白之説曰：「青白（與黃碧）不相與而相與，反對也；不相隣而相隣，不害其方也；不害其方者反而對，各當其所，左右不驪。故一於青不可，一於白不可，惡乎其黃矣〔二〕哉？黃〔三〕其正矣，是正〔四〕舉也。」青白黃碧，如甲乙丙丁，乃偶舉之符，毫無意義。（第一句青

---

〔一〕「焉」字下，原有「附章行嚴名學他辨一節」十字，據上下文義删。
〔二〕「矣」字，原誤「碧」，據公孫龍子通變論改。
〔三〕「黃」字下，原有「碧」字，據通變論删。
〔四〕「正」字，原作「狂」，據通變論改。

白之下「與黃碧」三字，乃推其文義增之。）曰與曰隣，二詞同意。方者方向，亦疑龍圖爲方形，以相解説。不害其方，謂與所圖無牾，而方向之意亦自藏於其中。故曰「左右不驪」。驪者，雜也，亂也，左右不亂，於方向無誤，即於圖形不背。試擬其圖當爲：

一圖青以白非黃，白爲他詞，居中。二圖白以青非碧，青爲他詞，居中。一圖青黃不相與，藉白以相與。二圖白碧不相隣，藉青以相隣。青黃白碧分立於兩端，反而對，各當其所。各當其所。曰左曰右，知有中義，此其表著他詞，皎然以明。一圖白毗於青，而黃不毗於青，是一於青不可。二圖青毗於白，而碧不毗於白，是一於白不可。黃不一於青，故青非黃。碧不一於白，故白非碧。黃碧皆居負斷，故曰惡乎其有黃碧也。但在事實：若青、白也，而白非黃。或白、青也，而青非碧。式爲：（甲）白非黃，青爲白，故青非黃。

或：

（一）

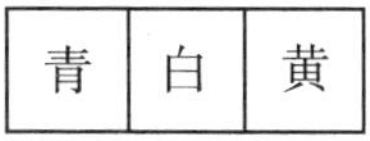

| 青 | 白 | 黃 |
|---|---|---|

（二）

| 白 | 青 | 碧 |
|---|---|---|

（乙）青爲白，白非黃　故黃非青（此須換位）。

皆不悖。白青碧倣此。曰：無黃碧而爲正，誠哉正也。惟若以事實論，青非白，而白爲黃，或白非青，而青爲碧。式爲：

(丙)青非白，白爲黄，故青非黄。

或：

(丁)白非青，白爲黄，故青非黄。

皆悖。白青碧倣此。……龍創爲青白之説，以證白馬論，而不知其不足爲證，則泥於爲方之道也。

「惡乎其有黄矣哉」，道藏及守山、三槐諸本均與此同。陳本無「有」字。

**而且青驪乎白，而白不勝也。白足之勝矣而不勝，是木賊金也。木賊金者碧，碧則非正舉矣。**

「白足之勝矣」，孫詒讓曰：「『之』，當作以。」此言白不勝青，青能賊白，若使相驪，則混而成碧，爲質已雜，非正舉也。青屬木，白屬金，白不勝青，木賊金故也。此近五行生尅説。墨經「五行毋常勝」，經説雜引火鑠金、金靡炭諸事。又墨子貴義篇亦引日者帝殺黑龍之説，似墨家一派已啓其端。推其淵源，更或遠出夏商之世。關于此節，近人梁任公欒調甫俱有論述，見梁著陰陽五行説之來歷、欒著梁任公五行説之商榷諸篇。

**青白不相與，而相與；不相勝，則兩明也。争而明，其色碧也。**

「争而明」，應作「争而兩明」，脱一「兩」字，下文「暴則君臣争而兩明」，可證。此言青白二質原難相與，强以求合，終成隔膜。且各有其特殊之性，青不化白，白不掩青，兩莫能勝，勢必青白并彰，各求色之自明，是兩明矣。兩明而不克相涵，必出於争；結果則無青無白，混而成碧，失二者之真矣。按本段與上段均釋「青以白非碧」。大旨以青白自青白，二者相賊兩明，乃復成碧。然此碧者非青白渾然化成之色，係相賊兩明之一種象徵。青白在此象徵之中，仍復各自爲別，保其原素；絶不能以此象徵之碧爲「青以白」滲變之正當結果；故曰：「非碧也。」

**與其碧，寧黄。黄，其馬也，其與類乎！碧，其雞也，其與暴乎！**

黄爲正色，得物質之純。碧爲間色，非白非青，相賊兩明。故寧捨碧取黄，以明事務之真，而正名實焉。前以材不材，辨馬雞優劣。此以黄比馬，碧比雞，言黄色純正，施於名實，猶馬之稱材，同得其用。故曰：「與類。」碧以間色，有乖名物，猶雞之不材，均足爲害。故曰：「與暴。」

**暴則君臣争而兩明也。兩明者昏不明，非正舉也。**

此言君臣各有定分，分定名正，競心自泯。若如上言之兩明爲暴，裁制力失，蕩分踰閑，各求逞私，結果必以争明而轉益不明。舉以擬實，蓋非正舉也。按前言黄爲正舉，能致國强壽，此言碧非正舉，能致國昏亂。一正一負，因名實之正否，通利害於國家，可覘公孫立言之旨。參看叙録。

**非正舉者，名實無當，驪色章焉，故曰「兩明」也。兩明而道喪，其無有以正焉。**

此接前言非正舉者，如青白兩明，混成驪色，失青白之實。實失則名亂，於名實均無所當。夫所以正天下者以名，名悟實乖，所以正之之道疎矣。「章」，明也。「驪色」，猶間色。前釋「驪」，借爲「麗」，附意。二色相附，乃爲間色，間而自明，故曰「兩明」。按公孫原意，以實必求真，因實正名，名實各以本來自身之真否定其標準。一切是非即以是項標準爲轉移。兩名者各爭其明，自是非人。前言之標準乃無所施其効用，悖名亂實，害莫大焉，故篇末尤惓惓於斯。又按莊生齊物論曰：「故有儒墨之是非，以是其所非而非其所是；欲是其所非而非〔一〕其所是，則莫若以明。」又曰：「是亦彼也，彼亦是也。彼亦一是非，此亦一是非。果且有彼是乎哉？果且無彼是乎哉？……是亦一無窮，非亦一無窮也。……故曰莫若以明。」此言是非本身原爲相對，無絕對之可言。任何方法不能求得是非之準則，故曰：「莫若以明。」既不能明，則一聽是非之自然，而不加可否，故曰：「和之以是非而休乎天鈞，是之謂兩行。」莊生之兩行，與公孫之兩明，其性質不無相類；而一則以兩行爲正，一則以兩明爲賊。結果，莊子乃於其觀念不同之惠施加以攻擊，曰：「彼非所明而明之，故以堅白之昧終。」嗚呼！施龍諸子之求明，與其拒絕兩明，而信真理之絕對存在，乃不爲莊生所許。由此可窺兩派主義精神之衝突焉。參看叙録。

〔一〕「非」字，據莊子齊物論補。

# 公孫龍子懸解五

## 堅白論第五

莊子齊物論「故以堅白之昧終」，司馬彪註曰：「公孫龍有淬劍之法，謂之堅白。」崔譔釋同。又云：「設矛伐之說爲堅，辯白馬之名爲白。」其解堅白，均失支離。一石之中涵堅與白，自常識視之，堅也白也，合而成石，初無疑意。公孫則言白與石可合，以目察石，而能得白也。堅與石可合，手撫石而能得堅也。堅白石三者不可合，因目得其白，不得其堅，手得其堅，不得其白。目察手撫，前屬視覺，後屬觸覺，共爲二事；混而成一，則失其真。復次，以目察石，以手撫石，最初但有簡單之感覺，不知爲白爲堅。繼由神經傳達於腦，經一度之默證，其得於目者始發生白之觀念，得於手者發生堅之觀念。此二觀念復加聯合，方能構成堅白相涵之全石。其事微忽迅速，常人之識，蓋於堅白二念聯成之後，渾言其全。公孫之論，系於堅白二念未合之初，析言其微。推本還原，義自瞭然。復次，堅白之義導源墨經，門下述之，公孫即爲述者之一。惟其論旨則與墨經異趣。經說下云：

見不見，離；一二不〔一〕相盈。廣脩堅白。

撫堅得白，必相盈也。

石一也；堅白二也，而在石。故有知有不知焉，可。子知是，有知是吾所先舉，重。則子知是，而不知是吾所先舉也，一。以上均依梁任公校本。

歸納上述諸義：墨經以堅白同囿於石，雖有知與不知，然於一石之中二者固能相盈也。公孫則以堅白在石，彼此各離：謂之堅石則可，謂之白石亦可，謂之堅白石則不可。是以一石之中二者不能相盈，與墨經之旨道成反對。莊子天下篇稱「相里勤五侯之徒、南方之墨者苦獲、已齒、鄧陵子之屬，俱誦墨經，而倍譎不同，以堅白同異之辯相訾」。是公孫既言「堅白」，且於篇中迭爲辯難之詞，與莊子所述不無吻合，當亦在「俱誦墨經而倍譎不同」之列。參看叙録。更計當時，除墨經公孫外，如相里勤、五侯、苦獲、已齒、鄧陵子諸人，或各有其堅白之論，且言人人殊。所謂「堅白同異」，解者多以「堅白」爲一事，「同異」爲一事。以余蠡測，或指諸子之言堅白，與墨經同異而言。因相里諸人各尊墨經爲圭臬，其論堅白每以自身之説與墨經相「同」，更以他人之説與墨經爲「異」，自是非人，互相排觝。韓非子顯學篇曰：「孔墨之後，儒分爲八，墨離爲三，取舍相反不同，而皆自謂真孔墨。」以彼證此，其迹可見，故曰「以堅白同異之辯相訾」也。吾人推繹至此，可得一

〔一〕「不」字，據墨子補。

附帶論證：即近人如胡適之疑墨經爲公孫龍輩所作，見所著中國哲學史大綱。而梁任公以龍等有所附加，是也。見所著讀墨經餘記及與胡適之書。使所言果確，必墨經與龍之主張能沆瀣一氣；今乃時時發現其矛盾之點，公孫非愚，斷不另爲異己之論，假名墨經，或坿綴其意，以自樹敵也。故墨經一書，謂爲公孫以外之人僞托，或尚可信；若謂出自公孫，則於事理違矣。

按：本篇草成後，見東方雜誌載欒調甫君梁任公五行説之商榷一文，言其所著讀墨經校釋論堅白一義有離盈二宗，與余説不謀而合。當時未讀欒君原著，不識樹義何若。頃見汪馥炎君堅白盈離辯，始悉其恉。汪君述欒君之意曰：「堅白爲最古之辯論，與後世名家關係甚大。據莊子天地篇，孔子問老聃，曾説『辯者有言曰，離堅白若縣宇〔一〕』，此言發生，當在墨子以前。蓋辯者離堅白，則石之堅與白兩者分隔，成爲獨立，如宇與久然，吾名此一派爲離宗。墨子爲首先反對離宗者，其意以爲堅與白同屬於石之内，既無一處不堅，又無一處不白；即是堅無不白，白無不堅；堅與白，相盈而不相外矣。故又立宇久不堅白，堅白無宇久之言。以破辯者『若縣宇』之喻，吾名此一派爲盈宗。」按欒君所述，誠爲卓識。惟言堅白一義發生在墨子以前，尚屬疑問。因莊子天地篇之資料是否可信，亦一問題。測其詞意，或係引用當時辯者術語，托之孔老以申論旨，亦未可定。（按天地篇原文云：「夫子問於老聃曰：『有人治道若相放，可不可，然不然。辯者有言曰，離堅白若縣宇。』」欒君據此，認孔子之時已有堅白之説。但同書秋水篇，公孫龍自云：「合同異，

〔一〕「宇」字，原作「寓」，據莊子天地篇改。下文「宇」字同。

離堅白，然不然，可不可。」與孔子語詞略同。是此諸義似爲當時辯者之術語。莊子一書對名家諸多貶辭，并每揑造事實以炫其辭，如秋水篇龍與魏牟問答之語，即屬此類。天地篇所述，殆與相同，不必堅白之説真出孔子之口也。但未見欒君原著，是否尚有他證，仍不可定，存此待考。）惟所析盈離二義，鞭辟入裏，最爲確當。又汪馥炎君對此亦曾詮次兩家不同之義，共爲四項，其言益審。惟第三項仍沿用胡適訓「離」爲附麗之義；胡氏詮釋未當，已見本篇後文，汪君所釋，兹亦從略。僅將其餘三證附後，用資參考：

公孫龍子之談堅白，可二而不可三；然墨家則二之三之皆可也。何以龍許言二，而不許言三乎？蓋龍以石爲主位，而石之或堅或白，又重在獨指，是以無論如何舉之，得其二而不及三焉。今觀其言，一則曰：「無堅得白，其舉也二；無白得堅，其舉也二。」再則曰：「視不得其所堅，而得其所白者，無堅也；拊不得其所白，而得其所堅者，無白也。」視與拊，僅與石相關，而視拊不相關；故可曰堅石、白石，而不可曰堅白石。若墨家，則以堅白本相盈，重指之兼與衡，而不重指之獨，譬有一物於此，獨指其白，而不指堅；但離堅，而白亦不能獨傳。所指爲何？意殊未皎。故就堅白言，則指堅含白，指白含堅，是指一而兼二也。就石言，則指石而含堅白，是指一而衡三也。龍以堅白離，故可二不可三；墨以堅白盈，故曰以二三；此兩家盈離不同之辯證一。

公孫龍子之談堅白，重在以名取。而墨家則以爲有所取，必有所去；取爲可知可見，去爲不可知不可見。然知與見，皆對人而言之，非對物而言之。對人言，「雖不能而不害」。故墨家曰：「智與不智相與可。」對物言，則得其白，得其堅，所得者一，不能兩知兩見。故公孫龍曰：「知與不知相與離，見與不見相與藏。」總合兩家所論，堅白同爲石之物德。在墨家之意，不以人之知見與否，得其一而損其一，是以取名而不害實。在公孫龍之意，則非彼無石，非石無所取；所取者爲物之一名，而非能盡物之性。名家以名求勝人，是亦一失。此兩家盈離不同之辯證二。此外更有一證，今本公孫龍子原名守白論，至唐人作註，始改今名。既曰守白，則言離不言盈，意更可見。

堅白石三，可乎？

曰：不可。

曰：二，可乎？

曰：可。

曰：何哉？

曰：無堅得白，其舉也二；無白得堅，其舉也二。

目得白而遺堅，舉白合石，祇有白石，其數二也。手得堅而遺白，舉堅合石，祇有堅石，其數亦二也并堅與白，涵之石中，目手不能交得，無堅白石之存在，即不能合名爲三。

「二可乎」，道藏諸本與此同。陳本作「一」，註云：「一當作二。」

曰：得其所白，不可謂無白；得其所堅，不可謂無堅：而之石也之於然也，非三也？

「之石」，「之」字假借爲是。詩桃夭「之子于歸」，爾雅釋訓：「之子者，是子也。」又「非三也」，「也」與耶通借互用。此節爲賓難之詞。以堅白同囿於石，既得白矣，於得堅之時雖不同時得白，不可謂之無白。既得堅矣，於得白之時雖不同時得堅，不可謂之無堅。凡上所云，皆此石之實，有以使然。夫既兼有堅白矣，合之於石，寧非三耶？

**曰：視不得其所堅而得其所白者，無堅也。拊不得其所白而得其所堅，得其堅也，無白也。**

此爲答辭。以萬彙表德，其接於官覺者，各因所司而示異。以目視石，衹能得白，不能得堅，於目視之中固無堅也。以手撫石，衹能得堅，不能得白，於手拊之時固無白也。分而求之目手，一堅一白，所得各異；既爲異矣，寧能混一？末句「而得其所堅，得其堅也」，證之上文，疑當爲「而得其所堅者」。遺一「者」字，衍「得其堅也」四字，涉上句錯簡。俞蔭甫曰：「此當作『視不得其所堅而得其所白，得其所白者，無堅也。撫不得其所白而得其所堅，得其所堅者，無白也』。文有脱誤。」按：俞説竄改過甚，恐失真。

「而得其所堅，得其堅也」，陳本「堅」下有「者」字，無「得其堅也」四字，與原文鄒校正同。可證俞説之非。參看鄒註原文。

**曰：天下無白，不可以視石；天下無堅，不可以謂石。堅白石不相外，藏三可乎？**

白爲石之色，無色不可以視石。堅爲石之質，無堅不可以得石。是堅白石三者絶不相外。今以白石并舉，堅石并舉，僅及其二，藏其第三者可乎？此節賓再詰難。墨經：「堅：相外也。」經説：「異處不相盈，相非，同排。是相外也。」此言「不相外」，即彼此相涵不離之意。參看墨子閒詁本條註及墨經校釋經上六十二條。

**曰：有自藏也，非藏而藏也。**

目不見堅而堅藏，手不得白而白藏。是目手各有所限，不能交遍。其藏也，係自然而藏，非故欲藏之始藏也。此節主再答辯。

**曰：其白也，其堅也，而石必得以相盛盈。其自藏奈何？**

俞蔭甫曰：「『盛』，衍字也。謝註云：『盈，滿也。其白必滿於堅石之中，其堅亦滿於白石之中，而石必滿於堅白之中，故曰：「必得以相盈也。」』是其所據本無盛字。」按：俞説是也。墨經及本書多言「相盈」，似爲當時名墨術語，此言「相盛盈」，證「盛」字爲衍。本節賓再詰難。言白堅二事同涵石内，既得其石，白堅連舉；藏無所寄，何由自藏？「盈」有函意。墨經：「盈：莫不有也。」梁任公釋「相盈」爲「相函」，義極允當，兹從其釋。

**曰：得其白，得其堅，見與不見離。不見離，一一不相盈，故離。離也者，藏也。**

此節微有譌奪。孫詒讓曰：「墨子經下篇云：『不可偏去而二。説在見與俱，一與二。』經〔一〕説

〔一〕「經」字，據墨子補。

下篇云：『見不見，離；一二不相盈。』正與此同。此『一一不相盈』，亦當依墨子作『一二不相盈』。」　按：孫説甚審。俞蔭甫曰：「『不見離』一句，當作『見不見離一』。蓋言得白失堅，得堅失白；有可見之堅，即有不見之白，有可見之白，即有不可見之堅；有見者，有不見者，是見與不見離也。故必合見不見言之，乃不相藏耳。今舉其見之一，則離其不見之一；舉其不見之一，則離其見之一。是無論見不見，則皆離其一也。離其一，則所有者一而已矣。一則不能相盈，故離也。」近人胡適之斟酌孫俞兩説，校本文如下：

得其白，得其堅，見與不見離。〔見〕不見離，一二不相盈，故離。離也者，藏也。中國哲學史大綱第八篇第五章。

按：原文「見與不見離」下之「不見離」三字，疑涉上文而衍。原文「一一〔一〕」，當如孫校「一二」，但「一」字似不應連上讀，擬校如下文：

得其白，得其堅，見與不見離。一二不相盈，故離。離也者，藏也。

此段申詳「藏」意。以目得其白，手得其堅，白可見，堅不可見。於目見之時，不能得堅，是與不見離矣。何以故？一二不相盈故。於石一也，堅與白二也，是爲一二。由石之一，不能盈有堅白之二，則不得不離；離而不可得見，猶如匿藏，故曰「藏」也。復次，本節「離」字涉義重要，胡適之釋作附麗之意，如云：

〔一〕「一一」，原誤作「二二」，據堅白論原文改。

從前的人把這一節的「離」字解錯了。本文明明説「離也者藏也」。古人的離字本有附麗的意思。易象傳説：「離，麗也。日月麗乎天，百穀草木麗乎土。」禮記有「離坐離立，勿參焉」的話。白是所見，堅是所不見，所見與所不見相藏，故可成爲『一』個堅白石。若是二，便不相盈了。所以兩者必相離，相離即是相盈，即是相藏。見惠施公孫龍之哲學。中國哲學史大綱詞略同上。

按「離」字仍當作分離解。胡君釋作附麗，似涉墨經而誤。堅白在石，墨經主盈，參看篇首敍論。如云：「見不見離；一二不相盈。廣修堅白。」「不」字爲牒經標題之文，當改移段首。參看墨經校釋。是以一二相盈，如廣修之於方，堅白之於石。既相盈矣，則見與不見之「離」字解作附麗，適協論旨。而公孫之説堅白，與墨經相反。義詳前。其意以堅白在石，不能相盈；既不能盈，而又以白爲可見，堅爲不可見，謂其能相附麗，則與論旨衝突矣。故此「離」字在公孫本書仍宜解作分離，方與義洽。如云：「一二不相盈，故離。」既不相盈，乃有分離之可言，若相附麗，則曷爲不相盈乎？又下文賓反詰曰：「堅白域於石，惡乎離？」若所用「離」字不作分離解，則上句域字又如何應照？白馬論篇云：「有白馬，不可謂無馬者，離白之謂也。是離者有白馬，不可謂有馬也。」所用「離」字均作分離解。以彼證此，足洞其恉。又莊子秋水篇引公孫龍語曰：「龍少學先王之道，長而明仁義之行，合同異，離堅白。」窺其語味，上言「合同異」，下言「離堅白」，以離對合，當爲分離之「離」，可斷言矣。胡氏解作附麗，牽就下文心神作用之説，參看原文。不識彼端所論，另爲別義。詳見後。亦非如胡氏所云，殆因誤致誤也。

曰：石之白，石之堅，見與不見，二與三，若廣修而相盈也。其非舉乎？

此節賓再詰難。言石白可見，石堅不可見，白石堅石爲二，白堅與石爲三。若二若三，如廣修之相盈也。舉以擬實，寧非正舉？廣寬修長，合成平面。既言平面，不能離廣取修，不能離修取廣；猶石含堅白，既取此石，即不能舍堅言白，或舍白言堅也。

**曰：物白焉，不定其所白；物堅焉，不定其所堅。不定者兼，惡乎其石也？**

白爲通色，不能以白而定其所白者爲何物。堅爲通質，不能以堅而定其所堅者爲何物。則是白也，堅也，性各不定。兼二不定，而謂其必定，并名其所定者曰石，則根本乖舛矣。安有石爲？石既不立，烏知堅白之相盈於中耶？此節主再答辯。「不定者兼」，與指物篇「是兼不爲指」同一句法，應參看前釋。謝解多誤，不可從。

「物堅焉，不定其所堅」，道藏諸本與此同。陳本「不」上有「而」字。

「惡乎其石也」，「其」，道藏、守山閣及陳氏各本均作「甚」。陳蘭甫曰：「『甚』，當作其。」

**曰：循石，非彼無石。非石，無所取乎白石。不相離者，固乎然其無已。**

「循」，通楯。今撫楯字以「循」爲之。漢書李陵傳「數數自循其刀環」，注：「摩順也。」此節賓又難主。言石由堅白而成，若無堅白，其質已去，以手撫石，石復何有？然因有石故，白始有托，方成白石。設若無石，所托先失，白石何取？準是以談，堅白與石，彼此相待；無堅白則無石，無石則無堅白，名雖有三，實衹一體，故曰：「不相離。」「不相離者固乎然」，猶言「固然其不相離」。「其無已」三字無解，疑有脱譌。

曰：於石一也，堅白二也，而在於石，故有知焉，有不知焉；有見焉，有不見焉。故知與不知相與離，見與不見相與藏。藏故，孰謂之不離？

既言堅白而同在一石，撫堅可知，撫白不可知，其不知者與知者相離矣。使果不離，曷不同時并知？視白可見，視堅不可見，其不見者與見者相藏矣。使果不藏，曷不同時并見？此節主述堅白互相離藏之理，以答賓難。謝希深曰：「堅藏於目，而目不堅，誰謂堅不藏乎？白離於手，不知於白，誰謂白不離乎？」晰理亦允。「藏故」，意言「因藏之故」。

曰：目不能堅，手不能白。不可謂無堅，不可謂無白。其異任也，其無以代也。堅白域於石，惡乎離？

「任」，訓職，訓用。「異任」，言手目之職責作用不同，謝釋「所在各異」，非也。此節意言目不得堅，手不得白，係以手目之職司各異，不能相代。其實堅白統域一石，雖不同時兼得，然不可因其不能視也謂之無堅，或以其不能撫也謂之無白。此又反駁主言堅白相離之理。

曰：堅未與石爲堅，而物兼未與爲堅。而堅必堅其不堅。石物而堅，天下未有若堅，而堅藏。

此節釋堅藏。俞蔭甫曰：「『物兼未與』，當作『兼未與物』」。此言堅自成其爲堅之性耳，非與石爲堅也。豈獨不與石爲堅，兼亦未與物爲堅也，而堅必堅。其不堅者，如土本不堅，陶焉則堅；水本不堅，冰焉則堅，如此則其堅見矣。今以石之爲物而堅，天下未有堅於此也。堅其堅者，堅轉不見，故曰『堅藏』也。」 按：俞說大致允協。原文「天下未有若堅」，意言石本無堅，得堅而堅成，其所以成堅之堅性，不可出示，故曰「未有若堅」，亦即所謂「堅其堅者，堅轉不見」之意。俞說「未有堅於此也」，未當。

**白固不能自白，惡能白石物乎？ 若白者必白，則不白物而白焉。 黃黑與之然。 石其無有，惡取堅白石乎？ 故離也。 離也者因是。**

此節釋白離。言白而不能自白，即不能白石與物。白而果能自白，則不借他物，可單獨自白。若黃若黑，其理同然。如此白既外石而立，天下未有無色而能見之石，則石復何有？ 又安取於堅白石乎？ 此以白能自白，證與石相離之理。

**力與知果，不若因是。**

謝釋「果」謂「果決」，非也，按即結果之意。言上述堅藏白離之旨，以智力求之，結果終不外是，不若因其自然之爲愈也。「知」，通智。

**且猶白——以目、以火見。而火不見；則火與目不見，而神見。神不見，而見離。**

孫詒讓曰：「墨子經說下篇云：『智以目見，而目以火見，而火不見。』此文亦當作『且猶白以目見，目以火見，而火不見』。今本挩『見目』二字，遂不可通。」 按：孫說是也。「猶」，通「由」，釋見前文。火即光明之意。言白由目見，而目不自見，由光乃見。光不見白，由光而見之目，又何能見？ 是俱不見矣。若是操其樞者心神，以神見矣。然神之爲用，究屬空靈，人不能見神也。不可見，故見離；見離，故白離。胡適之以神見解「離」爲附麗之意，不知此言神見，仍以神之不見證見之分離。結句詞旨甚明，非附麗也。參看前節及胡氏惠施公孫龍之哲學、中國哲學史大綱。

**堅——以手，而手以捶；是捶與手知而不知，而神與不知。神乎，是之謂「離」焉。離也者天下，故獨而正。**

此節文句不完，疑有捝譌，大旨仍如上文。前述白離，此述堅離。意言堅以手知，手以捶知，捶不知堅，其由捶而知之手，安能知堅？故曰：「捶與手，知而不知。」若是，則神知矣。然神知無形，何由知神？故曰「神與不知」。不知則知離，知離則堅離。統上堅白二義，歸知見於神，而神又無從知見，藉證離旨，則所謂離者皆神之作用也。故曰：「神乎，是之謂離焉。」末言上述離旨爲天下事物所同，故獨以此爲正。其云「離也者天下」，句法與指物論「非指者天下」相同。謝希深解此多悞，不可從。又「神與不知」，「與」字無義，應係語助。左傳襄二十九年曰：「是盟也，其與幾何？」又越語曰：「如寡人者，安與知恥？」「與」字皆作語助用可證。

# 公孫龍子懸解六

## 名實論第六

墨子經説上「所以謂，名也。所謂，實也」，釋「名實」之義最當。「名」爲名詞，所以代表事實，故曰「所以謂」。「實」爲事實，所以承當此名之本體，故曰「所謂」。通篇大旨即在正名正實，二者使求相符。明定界説，科律最嚴。經説曰：「名實耦，合也。」公孫造論，殆同此恉。蓋不特全書關鍵，正名家精神之所寄也。參看敍録。

**天地與其所產者，物也。**

荀子正名篇「萬物雖衆，有時而欲偏舉之，故謂之物。物也者，大共名也」，言凡有物質之實，皆得共此名而謂之爲物。此以天地之形及其所產者均名爲物，亦即此意。

**物以物其所物而不過焉，實也。實以實其所實，不曠焉，位也。出其所位，非位；位其所**

**位焉，正也。**

所謂物者名也。凡名某物，與其所名某物之自性相適相符合，而不過分；其某物之自性相，即謂之實。實必有其界限標準，謂具有某種格程，方爲某物；其格程所在，即所謂「位」者是也。如炭一氧二爲水，此炭一氧二之標準，即水所以别於他物，而取得之位；合其格程，方符水實。故曰：「實以實其所實，不曠焉，位也。」「曠」訓空缺，即言實必有其所以成實者，審而不曠，用别他物，即實之位焉。得其所位，乃爲正舉。按「不曠焉」之上，證諸前文「而不過焉」，疑「不」上有「而」字。

**以其所正，正其所不正；疑其所正。**

謝釋「疑」，謂衆皆疑之。俞蔭甫云：「當讀如詩『靡所止疑』之『疑』。毛傳曰：『疑，定也』。」按：謝釋非是。俞訓「疑」爲定，合上文之意，則成「以其所正，定其所正」，適犯合掌。近人胡適之於「疑其所正」之上加「不以其所不正」六字。釋云：「舊脱此六字，馬驌繹史本有『以其所不正』五字。今按經説下云：『夫名以所知，正所不知；不以所不知，疑所明。』據此，似當作『不以其不正』。」見所著惠施公孫龍之哲學。其説最審。據以補正，文義自瞭。

「以其所正，正其所不〔一〕正；疑其所正」，陳本「以其所正」下，有「以其所不正」五字，與馬氏繹史正同。參看鄙註原文。案：本書謝希深注「以正正於不正，則不正者皆正。以不正亂於

〔一〕「不」字，據名實論正文補。

正，則衆皆疑之」，似謝氏原本有此一句所云「以不正亂於正」，即指是言也。胡適之校此句，作「不以其不正」。參看鄙註原文。所據墨經原文與此詞句微別。僅以誼旨相連，爲此疑似之説，終不如馬陳二本之確。應據此訂補。

**其「正」者，正其所實也；正其所實者，正其名也。**

正之標準，由實而定，其實既正，名亦隨之。故曰：「正其所實者，正其名也。」

**其「名」正，則唯乎其彼此焉。謂彼而彼不唯乎彼，則彼謂不行。謂此而行不唯乎此，則此謂不行。**

「唯」，廣雅釋詁一「譍也」，謝釋「應辭」。經説下「惟〔一〕是，當牛馬」，「惟」通唯，與此均取相應之意。「行」，墨經「爲也」。「彼不唯乎彼」上一「彼」字，證下文「行不唯乎此」，疑爲「行」字之誤。本節意言其名既正，皆能如其實之彼此而相應之。若名定爲彼而行不應彼，則所謂彼者仍爲未行。名定爲此而行不應此，則所謂此者亦爲未行。墨經曰「名實合爲」，言名實相合，乃爲真爲。參看敍録。又經説下：「惟：謂是虎，可；而狗之非夫虎也；謂彼是是也，不可。謂者惟乎其謂。彼狗惟乎其謂，則吾謂行；彼若不惟其謂，則不行也。」依梁任公校本。與此文義出入，可參看。

**其以當不當也，不當而亂也。**

---

〔一〕「惟」字，原作「唯」，據墨子經説下改。

俞蔭甫曰：「此本作『不當而當亂也』，傳寫脱『當』字。下文云『以當而當正也』，兩文相對。」按：俞説非也。下文「以當而當正」，後一「當」字乃爲衍文。此仍作「不當而亂」。言上述論旨皆以當與不當之故定其標準，如有不當，則亂矣。若俞説加一「當」字，適成叠床，殊無是處。經説上「當牛非馬」，又云「當馬非馬」，經説下「唯是當牛馬」。孫氏閒詁云：「公孫龍子亦有唯當之論，與此義同。」可統前節參看之。

**故彼，彼當乎彼，則唯乎彼，其謂行彼。此，此當乎此，則唯乎此，其謂行此。其以當而當也，以當而當，正也。**

此節仍接上意。言若名定爲彼，而所定之彼與其實際相當，適應乎彼，方可謂爲行彼。名定爲此，而所定之此與此之實際相當，適應乎此，方可謂爲行此。凡是皆以名實相當，而成正舉。歸納公孫之意：即凡百事物，不能徒托空言，必求與實際相當能行，乃有其價值；由此可窺名實合一之精神焉。末句「以當而當正也」，應爲「以當而正也」。衍一「當」字，見上釋。

**故彼，彼止於彼；此，此止於此，可。彼此而彼且此，此彼而此且彼，不可。**

謝希深曰：「彼名止於彼實，而此名止於此實，彼此名實不相濫，故曰『可』。或以彼名濫於此實，而謂彼且與此相類。或以此名濫於彼實，而謂此且與彼相同；故皆『不可』。」按經下：「彼彼此此，與彼此同。説在異。」説云：「彼：正名者彼此。彼此可：彼彼止於彼，此此止於此。彼此不可：彼且此也，此亦可彼，若是而彼此也，則彼亦且此此也。」依梁任公校本。與此意旨相近，可參看。

「故彼，彼止於彼〔一〕」，道藏本「彼」下，多一「故」字。嚴鐵橋校爲衍字，蓋沿上文而誤。

**夫名實謂也。知此之非也，知此之不在此也，明不謂也。知彼之非彼也，知彼之不在彼也，則不謂也。**

「知此之非也，知此之不在此也，明不謂也」，俞蔭甫曰：「當作『知此之非此也，知此之不在此也，則不謂也』。下文云：『知彼之非彼也，知彼之不在彼也，則不謂也。』兩文相對，可據以訂正。」按：俞説是也。「謂」，訓稱謂，廣雅釋言「指也」。言凡百事物本原無名，經人指稱，乃爲某名。其由人而得之實，非實真體，亦經人指稱，乃爲某實。凡是名實，舉由謂生。而謂之於心，經長期之訓習，於名於實，舉有準則。若明知此之非此，或此之不在此，則不能謂之爲此。明知彼之非彼，或彼之不在彼，亦不能謂之爲彼也。經説下：「知是之非此也，有知是之不在此也；然而謂此曰此〔二〕，過，而以已爲然。始也謂此南方，故今也謂此南方。」參看墨經校釋。與此段意相發明。

「知彼之不在彼也」，陳本無此句，道藏諸本均有。

**至矣哉，古之明王！審其名實，慎其所謂。至矣哉，古之明王！**

名之與實，審而求符。謂名謂實，必慎其初。絲毫不假，勿使舛午，執之以正天下。古有明王，其道在是。連稱「至矣」，推挹已極。公孫造論微恉，於本篇結穴瞻之矣。

〔一〕「彼」字，原誤「此」，據名實論原文改。

〔二〕「曰此」，墨子閒詁作「南北」。